渤海考

발해고

渤海考

유득공(柳得恭) 지음
송기호 옮김

홍익

발해고 渤海考

| 삼채여용(三彩女俑)
여인의 모습을 한 도용으로
길림성 화룡시에서 1998년 가을에 출토하였다.

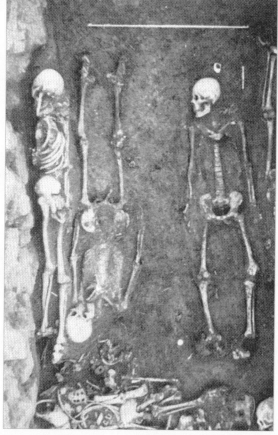

| 대주둔 1호 무덤

발해의 무덤 양식을 볼 수 있다.

| 정효공주(貞孝公主) 무덤

내부모습(위)과 묘지(옆)

문왕의 넷째 딸인 정효공주 무덤으로, 무덤 내부에는
12명의 인물이 그려져 있고, 묘지에는 '황상'(皇上)이라는
칭호가 나온다.

| 상경성(上京城)의 윤곽을 짐작할 수 있는 항공사진

| 돌사자머리
상경성 궁전을 장식했던 것으로
동경대 박물관에 소장되어 있다.

| 상경성의 발굴 모습

상경성의 절터 자리(위)와 침전지(아래)이다. 침전지는 왕이 기거하던 곳으로 바닥에 온돌이 깔려 있다.

| 상경성의 석등

| 상경성에서 출토한 금불상

| 발해시대 사리함(흑룡강성 동녕시 출토)

| 발해인들의 옷을 복원한 모습
악사(오른쪽)와 시위(가운데), 청동인물상의 복식을 복원한 것이다.

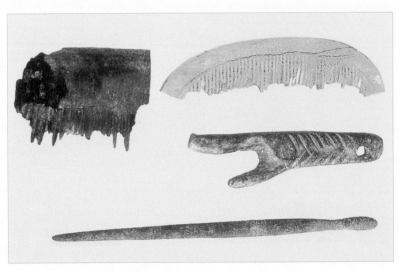

| 발해시대의 빗과 머리꽂이(청해토성 출토)

| 투구

상경성(복제품. 왼쪽)과 함경남도 신포시(오른쪽)에서 출토하였다.

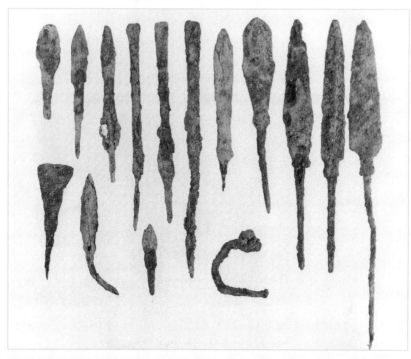

| 발해시대의 화살촉(청해토성 출토)

| 창덕궁 주합루(昌德宮宙合樓)

정조가 즉위하여 설치한 것으로 1층 규장각(奎章閣)에는 왕실의 사료를 보관했고, 2층 주합루는 열람실이었다(본문 32쪽 참조).

| 유득공 묘소(본문 34쪽 참조).

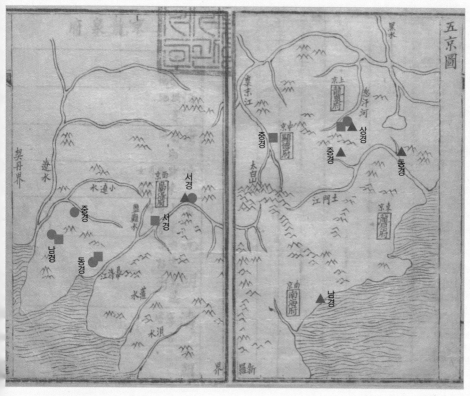

| 오경 비교도

지도 원본은 4권본 《발해고》(영재서종 수록)에 실린 것으로서, 새로 추가한 ●은 《요사》, ■은 1권본 《발해고》의 고증이고, ▲은 실제 위치를 나타낸다(41쪽 및 140쪽 이하 참조).

발해고 渤海考

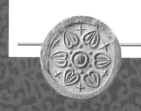

《발해고》를 펴내며

이제 원고를 마지막으로 정리하면서 다소 안도의 한숨을 쉴 수 있게 되어 뿌듯하다. 번역이 잘되어 그런 것이 아니라, 그동안에 마음의 부담으로 느껴왔던 의무를 마쳤다는 생각 때문이다.

발해사를 전공한다고 한 지가 벌써 20년이 되었다. 그동안에 이 책을 언젠가는 번역해야지 하면서 연구자로서의 의무감을 늘 마음속에 담고 지내왔다. 그러나 항상 쫓기는 생활에서 그 기회가 좀처럼 쉽게 오지는 않았다. 그러던 차에 마침 출판사로부터 번역 제의를 받고 흔쾌히 수락을 하였지만, 다른 한편으로는 내가 과연 이 책을 제대로 번역해낼 수 있을까 하는 두려움도 느꼈다.

이 책은 한국사를 공부한 사람이면 누구나 기억해낼 수 있을 정도로 잘 알려져 있다. 발해 역사를 우리 역사 속에 자리매김을 하는 출발점이 된 책이기 때문이다. 그런 만큼 일찍 번역되었어야 하는데, 실제로는 그러지 못하였다. 이렇게 늦어진 만큼 훌륭한 번역이 되어야 할 터인데, 과연 그러한 기대에 부응할지 적이 걱정이 앞선다.

내가 이 책과 그 저자인 유득공을 본격적으로 대하게 된 것은 1992년이다. 《한국사 시민강좌》에 실릴 원고 부탁을 받은 것이 계기가 되어, 그의 글들을 여기저기서 복사하여 수집하였다. 이때에 국립중앙도서관에 소장되어 있는 《발해고》 필사본도 확인하여 복사를 해두었다. 그러나 당시에는 저자의 생애와 작품 전체에 집중한 데다가 마감 시한에도 쫓기고 있었기 때문에 《발해고》 필사본은 제대로 검토하지 못하고 활자인쇄본만 대상으로 삼았다.

그로부터 7년이 지난 뒤 번역에 착수하면서 새로운 사실을 발견하였다. 《발해고》에 1권본과 4권본의 서로 다른 두 개 필사본이 있음을 깨닫게 된 것이다. 번역을 제대로 하려면 아무래도 필사본과 활자본을 대조해야겠다고 생각하여 들추어보다가 처음으로 이를 확인하는 망외의 소득을 얻었다. 또한 활자본과 필사본을 대조해보니 활자본에 오자가 다수 있는 사실도 발견하게 되었다.

그런가 하면, 번역이 끝나갈 무렵에 국립중앙도서관을 다시 방문하여 원본들을 확인해보았는데, 그사이에 달라진 점이 있었다. 1권본 필사본의 첫머리에 있는 왕계도가 사라져버린 것이다. 이 왕계도는 원래 유득공이 저술할 때에 만들었던 것은 아닌 것 같고, 본문과 필체가 동일한 것으로 보아서 필사자가 참고로 하기 위하여 표지 뒷면에 붙여놓았던 것으로 여겨진다. 그런데 그사이에 이 종이가 떨어져 사라진 것이다. 결과적으로 내가 복사해둔 왕계도가 유일한 것이 되어버린 셈이다. 다소 책이 두터워지겠지만, 이 책에 필사본을 영인하여 싣는 것은 바로 그러한 사정 때문이다.

앞서 저자에 관한 글을 썼고, 이제 이 책을 번역해 냄으로써 저자로부터 물려받은 학덕에 조금이나마 보답을 하게 되었다고 생각한다. 그러나 아직도 과제는 남아 있다. 그의 저술들이 체계적으로 정리되어 출간되지 못하고, 여기저기 산재되어 소장되어 있다. 누구인가는 이 작업을 해야 할 것이다.

또 그가 양주 송산에 묻혔다는 성해응의 글을 읽고서도 아직 그의 산소를 찾아보려는 노력을 기울이지 못한 점도 그렇다. 이따금 송산이 어느 곳인가, 과연 그의 산소가 그곳에 있을까 하는 생각을 떠올리곤 하면서도, 막상 실행에 옮기지 못하는 게으름을 자책할 뿐이다.

이 책을 내도록 기회를 만들어준 출판사에 감사를 드린다. 특히 번역문과 원문을 일일이 대조하여 잘못된 점을 꼼꼼히 지적해주신 김근호 한국고전팀장, 그리고 자료 열람과 복사에 친절히 협조해주고 영인을 허락해준 국립중앙도서관에 각별한 고마움을 표한다. 대학원생 박성현 군도 번역 원고를 읽고서 잘못된 글자를 많이 바로잡아 주었다.

다만, 하나 염려스러운 것은 혹시나 번역에 오류가 있어 독자들을 미혹에 빠지게 하지 않을까 하는 점이다. 조금이라도 잘못된 점이 있으면 깨우쳐주길 간절히 부탁하는 바이다.

다시 한 학기를 끝내며,
그리고 새 천년을 맞으며,
1999년 12월에 적는다.

신 개정판을 펴내며

이 책이 나온 지 20년이 넘었는데, 출판사로부터 다시 조판하겠다는 제안을 받고서 흔쾌히 수락하였다.

2018년에는 김종복 교수가 4권본을 번역하였는데, 유득공이 처음 저술한 것이 1권본이고 그 후 수정 보완한 것이 4권본이기에, 1권본이 원본으로서의 가치가 있어서 재출판을 수락하였다.

2017년에 필자는 의정부에 있는 유득공의 묘소를 마침내 찾아보았다. 정년을 앞둔 시점에 수정 보완할 수 있는 기회를 준 도서출판 홍익에 감사를 드린다.

2020년 4월 송기호

1. 조선고서간행회에서 활자로 간행한 것(1911년 간행. 1976년 景文社 영인)
   이 많이 알려져 있지만, 이보다는 국립중앙도서관에 소장된 1권본《발해
   고》(古2824-19)가 오류가 적어서 이를 저본으로 삼았다. 1권본《발해고》
   의 본문에 취향산루(醉香山樓) 장서라 하였고, 표지에는 '소전장서'(小田
   藏書)라는 도장이 찍힌 종이 쪽지가 붙어 있으므로, 취향산루에서 소전
   을 거쳐 국립중앙도서관에 소장되었을 것이다. 취향산루는 한말 역관인
   김병선(金秉善 1830~1891)이고, 소전은 혹시 조선총독부에 근무하였던
   오다쇼오(小田省吾)인지 모르겠다.

2. 이《발해고》필사본에 없는 성해응의 서문, 이규경의 발문, 황성신문 논
   설을 추가하였다. 성해응 서문은《연경재전집》(硏經齋全集) 〈외집〉(外集)
   에 실려 있고, 이규경의 발문은 국립민속박물관 소장 4권본 필사본(민
   속 24323)에 실려 있고, 황성신문 논설은 〈황성신문〉(국립중앙도서관 검색)
   1910년 4월 28일자 2면에 실려 있다.

3. 한자는 원문 그대로 입력하되, 입력할 수 없는 극히 일부의 이체자(異體
   字)는 본래의 글자로 대체하였다. 이에 대해서는 영인본과 대조하기 바
   란다.

4. 4권본《발해고》는 국립중앙도서관에 소장된《영재서종》(泠齋書種)에 수
   록되어 있다. 이곳에는 귀중본으로 분류된 원본(한-90-4, 귀중본 번호 貴
   -118)이 있고, 이를 복사한 복사본(古-046-1)이 있다.

이 책을 출간한 뒤에 임상선(林相先) 씨를 통하여 경희대학교 도서관에 도 소장되어 있는 것을 알게 되었다. 또 김종복 교수가 5종을 추가로 확 인하여 4권본은 모두 7종이 되었다.

5. 이 책을 출간한 뒤에 이용범(李龍範) 선생이 《한국의 역사사상》(삼성출판 사, 1981)에 《발해고》를 처음 번역하였던 사실을 알게 되었다.

6. 이 번역서는 체렌도르지(Ц. Цэрэндорж) 교수가 2014년에 몽골어로 번 역하였다.

1. 왕에 관한 고찰[君考] · 72

2. 신하에 관한 고찰[臣考] · 104

대문예 大門藝, 대일하 大壹夏, 마문궤 馬文軌, 총물아 蔥勿雅 │ 대야발 大野勃, 대굉림 大宏臨, 대신덕 大新德 │ 임아상 任雅相, 장문휴 張文休 │ 대상청 大常清, 대정한 大貞翰, 대청윤 大清允 │ 대능신 大能信, 여부구 茹富仇 │ 대예 大叡 │ 대명준 大明俊, 고보영 高寶英, 대선성 大先晟 │ 고 원고 高元固 │ 대원겸 大元兼 │ 고인의 高仁義, 덕주 德周, 사나루 舍那婁, 고재덕 高齋德 │ 서요덕 胥要德, 이진몽 已珍蒙, 이알기몽 已閼棄蒙 │ 모 시몽 慕施蒙, 양승경 楊承慶, 양태사 楊泰師, 풍방례 馮方禮 │ 고남신 高 南申, 고흥복 高興福, 이능본 李能本, 안귀보 安貴寶 │ 양방경 楊方慶, 왕 신복 王新福, 양회진 楊懷珍, 달능신 達能信 │ 일만복 壹萬福, 모창록 慕 昌祿 │ 오수불 烏須弗 │ 사도몽 史都蒙, 고녹사 高祿思, 고울림 高鬱琳, 고 숙원 高淑源, 사도선 史道仙, 고규선 高珪宣 │ 장선수 張仙壽 │ 고반죽 高 伴粥, 고열창 高說昌 │ 여정림 呂定琳 │ 대창태 大昌泰 │ 고남용 高南容, 고다불 高多佛 │ 왕효렴 王孝廉, 고경수 高景秀, 고영선 高英善, 왕승기 王昇基 │ 왕문구 王文矩 │ 위균 衛鈞 │ 대소현 大素賢 │ 고모한 高模翰 │ 대인선의 신하로 이름을 알 수 없는 사람들 │ 신덕 申德 │ 대화균 大和鈞, 대균로 大均老, 대원균 大元鈞, 대복모 大福謨, 대심리 大審理 │ 모두간 冒豆干, 박어 朴漁 │ 오흥 吳興, 승려 재웅 載雄 │ 김신 金神 │ 대유범 大儒 範 │ 은계종 隱繼宗 │ 홍견 洪見 │ 대광현 大光顯 │ 진림 陳林 │ 박승 朴昇 │ 최오사 崔烏斯 │ 대난하 大鸞河, 이훈 李勛

유득공과 《발해고》

1. 생애

유득공은 우리 역사에서 북학파의 한 사람으로, 그리고 이른바 4검서(檢書)의 한 사람으로 지목되는 인물이다. 또한 한문학사(漢文學史)에서는 4가(家)의 한 사람으로 꼽히고 있다.

그러나 아직까지 그의 행장(行狀)이 발견되지 않고 있어 그의 생애에 대해서는 불분명한 것이 많다. 현재로서 그의 행적을 추적할 수 있는 것으로는 그가 지은 부친 및 숙부의 묘지명, 모친의 행장, 그리고 그의 글 속에 여기저기 나타나는 단편적인 기록들이 고작이다.

그의 자(字)는 혜풍(惠風), 혜보(惠甫)이고, 호(號)는 영재(泠齋), 영암(泠菴), 가상루(歌商樓), 고운당(古芸堂), 고운거사(古芸居士), 은휘당(恩暉堂) 등이 있다. 특히 고운당은 운동(芸洞)이라고도 불리던 교서관동(校書館洞, 지금의 충무로2가 부근)에 오랫동안 살았기 때문에 붙여진 당호(堂號)이다.

부친 유춘(柳瑃)이 16세 때에 한 살 위였던 남양 홍씨와 결혼하여

草木之花也孔翠之羽也夕天之
霞也美人也此四者天下之至色
也而花為多色今夫畫美人者朱其
脣漆其瞳微紅其頰而以畫羽者暈
紅匯碧黷淡然而以畫霞者暈金點
綠而以至於畫花者吾未知其用幾
色也金君所寫二十一本摠計草木之

花不過千百之一而五色不能盡非羽也
霞也美人也之所可及矣乎攛一名亭
貯美人瓶插孔翠庭植花倚欄而眺
夕天霞天下有幾人哉然而美人易
裹古羽易凋生花易零殘霞易消吾
從金君惜此帖而恐憂

乙巳李春冷齋題 [印]

유득공의 글씨《명가필보(名家筆譜)》下

8년만인 1748년 11월 5일에 외아들 유득공을 낳게 된다. 이때 유득공의 증조부인 유삼익(柳三益)과 외조부인 홍이석(洪以錫)이 서자였기 때문에 그는 서얼 신분으로 태어나게 되었다. 이로부터 그의 생애는 대체로 세 시기로 나누어 살펴볼 수 있다.

먼저, 성장기는 그가 태어나서부터 20세 전후까지를 이른다. 그가 5세 때에 불행하게도 그의 부친이 27세를 일기로 요절하였고, 7세 때에 어머니와 함께 동작(銅雀)나루를 건너 남양(南陽)의 백곡(白谷)에 있는 외가로 가게 되었다. 그러나 외가는 무반 집안이라 외숙들이 말달리고 매사냥하며 호기를 자랑하는 것을 보면서 자랄 수밖에 없었다. 이를 보다 못한 그의 모친이 그가 10세 되던 해에, 대대로 글짓기를 업으로 삼은 집안이니 이곳에 있어서는 안 되겠다고 하여, 이듬해에 서울로 올라오게 된다.

서울의 옛집으로 돌아오니 집은 거의 폐가가 되어 있었다고 한다. 얼마 후 귀한 집들이 많은 경행방(慶幸坊, 지금의 종로구 경운동)으로 이사하여 모친이 삯바느질로 끼니를 마련해가면서 그로 하여금 이웃 글방에서 공부하도록 하였다. 이때 비록 가난하게 살기는 하였지만 어머니의 지극한 정성으로 옷은 늘 곱게 입혀서 보는 이들로 하여금 가난한 집 자식인 줄 알지 못하도록 하였다고 한다.

18, 19세 때에 이르러서는 시짓기를 배워서 일찍이 능하다고 생각해보지 않은 적이 없었다고 스스로 술회하기도 하였다. 이 무렵에 그에게 큰 영향을 주었던 사람은 그의 숙부였던 유련(柳璉 또는 柳琴)이었을 것이다. 한편 그가 관례(冠禮)를 치른 후 비로소 부친의 책들을 꺼내보고 나서 자신의 글재주가 아버지를 이어받은 것이라는 사실을 깨닫게 되었다.

그는 20세 이후 북학파 인사들과의 교유기에 접어든다. 이 당시에 그의 숙부와 더불어 박지원(朴趾源), 이덕무(李德懋), 박제가(朴齊家) 등과 일문을 이루면서 서로 교유하였다. 25세 때에 기자(箕子)로부터 후백제에 이르는 시기의 우리나라 한시들을 모은《동시맹》(東詩萌) 1권을 엮고 서문을 지었다.

이듬해인 1773년 윤3월에 그는 박지원, 이덕무와 함께 개성을 거쳐 평양으로 유람을 하여 여러 편의 시를 남긴다. 그리고 이 해 가을부터 이듬해 초까지 공주를 유람하였고, 늦봄에 다시 공주 유람을 떠나 역시 기행시를 남긴다. 이러한 옛 도읍지에의 여행은 뒤에《이십일도회고시》(二十一都懷古詩)를 짓는 모태가 되었다.

두 번에 걸친 공주에의 유람 중간인 1774년 봄에 그는 사마시(司馬試)에 합격하여 생원(生員)이 되었다. 이때 그의 나이 27세로서 영조 50년에 해당한다. 이를 전후하여서는 자신의 심경을 토로한 시들이 주류를 이루었다. 비로소 자신의 처지를 되돌아보게 되면서 암울한 심정을 노래하였던 것이다. 그가 이덕무, 박제가와 더불어 답답한 심경을 시(詩)로써 달랬다고 한 때가 바로 이 무렵이다. 이러한 시기에 정리된 문집이《가상루집》(歌商樓集)이다. 여기에는 아직 벼슬길에 나아가지 않았던 29세까지의 시 100편이 수록되어 있는데, 4가의 공동문집으로서 그의 숙부가 엮은《한객건연집》(韓客巾衍集)의 제2권을 이루고 있다. 1776년 11월에 숙부가 연행(燕行)하면서《한객건연집》을 청나라 문사들에게 소개하였고, 이듬해 초에 이조원(李調元)과 반정균(潘庭筠)의 품평과 서문을 받게 되면서 그곳에서 이름이 나게 되었다. 이 해 3월에는 영조가 승하하고 정조가 즉위하여 규장각을 설치하게 된다.

30세 때(1777년)에는 후에《병세집》(竝世集)의 바탕이 되었던《중주십일가시선》(中州十一家詩選)을 엮었고, 이듬해 봄에는 유명한《이십일도회고시》를 지었다. 이 해에 이덕무와 박제가가 연행을 다녀왔고, 가을에 자신도 심양(瀋陽)을 방문하여 처음으로 중국 땅을 밟았다.

그가 32세이던 1779년 6월 1일에 검서관(檢書官)에 임명되어, 마침내 관료로서의 활동기에 접어들게 된다. 35세 되던 늦봄에는 강화도 외규장각에 머물면서 서적들을 조사하였다.

이윽고 37세 때(1784년)에 검서관을 그만두고 포천현감(抱川縣監)으로 나가면서 지방관 생활을 시작하였고, 이 무렵 포천이 고향인 12세 아래의 성해응(成海應)과 교유가 시작되었던 듯하다. 이 해 윤3월에는 《발해고》(渤海考)를 저술하였다. 이듬해에는 양근(楊根, 지금의 양평)군수로 옮겼다가 42세 때인 1789년에 사임하고 서울로 돌아와 광흥창(廣興倉) 주부(主簿)로 있었고, 다시 이듬해 5월에는 사도시(司䆃寺) 주부로 옮겼다. 자리를 옮기자마자 청나라 건륭제의 80세 생신 축하사절의 일원으로 뽑혀서 박제가와 함께 연경을 다녀오게 되니, 이것이 1790년의 1차 연행이다. 5월 27일에 서울을 출발하여 열하(熱河)와 연경(燕京)을 방문하고 여러 문사들과 교유한 뒤, 10월 10일 압록강을 건너왔으니, 이 여정을 글로 남긴 것이《난양록》(灤陽錄)이다.

연행에서 돌아온 뒤인 47세(1794년)에 가평(加平)군수로 부임하였다. 그러나 다음 해에 임지에서 일어난 지득운(池得雲)의 딸 사망 사건을 잘못 다루었다고 하여 6월에 파직당하였다.

서울로 돌아와 7월에 다시 검서관에 임명되었고, 49세 때인 1796년 8월에 통정대부(通政大夫, 정3품)에 올라 오위장(五衛將)에 임명되었으며, 처인 전주 이씨는 숙부인(淑夫人)의 작(爵)을 받았다. 그러나 그가 언제 혼인하였는지는 기록에 나타나 있지 않다.

53세(1800년)에 풍천도호부사(豊川都護府使)로서 지방관으로 나갔으나, 이 해 6월에 정조가 승하하게 된다. 그는 정조가 승하한 직후인 7월에 왕으로부터 하사받은 책 목록을 작성하였는데, 모두 308권이라고 적고 있다. 그를 아꼈던 정조가 돌아가자 결국 이듬해 정월에 부사의 직을 그만두고 서울로 돌아왔다.

풍천에서 돌아와 막 쉬려고 할 즈음인 1801년 정월 말에 왕명에 의해서 주자서(朱子書) 선본(善本)을 구하러 2차 연행 길에 오르게 된다. 그 해 2월 25일 서울을 출발하여 4월 1일에 연경에 들어간 뒤 32일간 머물고 6월 11일에 서울로 돌아오기까지 도합 107일이 소요되었다. 이 여행에서 돌아온 뒤《연대재유록》(燕臺再游錄)을 저술하였다.

연행에서 돌아온 뒤인 8월 5일에 그에게는 커다란 정신적 지주였던 모친이 사망하게 되는데, 그 후로는 그의 행적이 거의 알려져 있지 않다. 다만 서울 근교와 한강 상류를 유람하고 여러 문사들과 교유하면서 만년을 여유 있게 지냈던 것으로 추측될 뿐이다.

그는 60세를 일기로 1807년 9월 1일에 세상을 떠나, 성해응이 은거하던 포천 향산(香山)에서 남쪽으로 20리 떨어진 양주(楊州) 송산(松山, 지금의 의정부시 송산동)에 묻혔으니, 이곳은 그의 부친이 묻힌 곳이기도 하다. 그의 묘소는 경기도 의정부시 낙양동 산120번지에 있었으나 한국수자원공사의 공사 때문에 2003년 8월에 의정부시 자일동 산129번지 문화 유(류)씨 중랑장(中郎將) 종중 묘소로 이장

되었다.

그의 슬하에는 장남 본학(本學), 차남 본예(本藝)와 2녀를 두었는데, 두 아들 모두 검서관을 역임하였다. 특히 유본예는 서울의 지리지인 《한경지략》(漢京識畧)을 저술하였으니, 《경도잡지》(京都雜志)를 지은 그의 부친으로부터의 영향이 컸을 것이다. 차녀는 성해응의 조카와 혼인하였다.

2. 역사 인식과 저술

그는 역사가라기보다는 시인이었기 때문에 자연히 그의 역사 인식은 문학론에서 비롯되었다고 해도 과언이 아니다. 다른 북학파들과 마찬가지로 그도 훌륭한 시를 짓기 위해서는 고금과 동서를 막론하고 모든 문학 작품들을 섭렵하여야 한다는 생각을 가졌고, 그런 가운데 우리 역사와 관련된 사료에도 주목하게 되었다. 그의 저서들에 중국의 서적들이 다양하게 인용되어 있는 것은 이 때문이다.

더욱이 그는 사실성이 뛰어나고 음향성이 탁월한 시를 지었는데, 이것은 글자의 속성과 소리에 대해 정통하지 않으면 불가능하다. 글자 하나하나에 대한 관심은 그로 하여금 고증학적인 태도를 가지지 않을 수 없게 하였을 것이다. 물론 여기에는 청나라 고증학으로부터의 영향도 무시할 수 없다. 그가 지은 역사서에 이러한 태도가

발해에 관한 기록이 담긴 일본 역사서 《속일본기》

곳곳에 배어 있는 것은 이 때문일 것이다.

이처럼 그가 문헌을 두루 섭렵하고 글자의 속성과 소리에 관심을 기울인 결과, 우리 역사와 관련된 새로운 자료들을 자주 찾아내곤 하였다. 예를 들어 《이십일도회고시》에서 한(韓)을 주제로 삼을 때에는 미처 언급하지 못하였다가 말년인 1798년에 와서 《시경》(詩經)에 기록된 한후(韓侯)를 비로소 발견하고는, 우리나라 사람으로서 3한을 논하면서 이를 다룬 사람이 없다고 지적하였다.

한편, 그는 중국과 조선 외에 다른 나라들에 대해서도 많은 관심을 기울였다. 그가 언급한 것만 하여도 만주, 몽고, 회회(回回), 안남(安南 베트남), 남장(南掌 라오스), 면전(緬甸 미얀마), 대만, 일본, 유구(琉球)가 있고, 서양의 홍모번(紅毛番 영국)과 아란타(阿蘭陀 화란)도 있다.

그의 세계관이 넓어짐에 따라 중국 일변도의 관념을 극복할 수 있게 되었고, 그 결과《발해고》에서 일본 사료까지 인용할 수 있었다.

이상과 같이 그 나름의 역사 인식이 형성되었던 배경에는 그의 다방면에 걸친 문학적 관심이 가로놓여 있었다. 그러면 이제 그의 역사 인식이 어떠한 것이었는가를 살펴볼 차례이다. 그러나 그의 인식을 체계적으로 보여주는 기록이 전혀 없기 때문에 단편적인 자료들을 모아서 이를 재구성할 수밖에 없다.

먼저 사료에 대한 태도이다. 그는《삼국사기》나《삼국유사》에 전적으로 의존하였던 종래의 견해들에 대해 대단히 비판적이었다. "우리나라 사람들이 고려 승려가 지은 고기(古記)만 보고 여러 사서들을 다시 검토하지 않아서 3한 이전의 역사를 알지 못하게 된 것은 탄식할 일이다"고 하였고, "동사(東史)에 서술된 것은 황당한 것들이고 고기도 모두 믿기 어려우니, 중국 역대의 사서들을 두루 살펴 근거로 삼는 것만 못하다"고 지적하기도 하였다. 이와 동일한 주장이《해동역사》(海東繹史) 서문에도 보인다. 이러한 태도는 그가 중국 사서들을 두루 섭렵하였던 자신감에서 표출된 것이었다.

그는 일차적 사료인 우리나라 금석문에도 관심을 기울였다. 부여에 남겨진 소정방과 유인원의 비를《이십일도회고시》의 한 주제로 삼았고, 연행하였을 때에 이들 탁본을 나빙(羅聘)에게 선물로 주기도 하였다. 그리고 1798년에는 신라와 고려의 비문 8편을 판독하고 그 내용을 분석하였으며, 이들을 시제(詩題)로 삼았다. 특히 탁본을 보고 스스로 황초령(黃草嶺) 순수비 비문을 판독해내어, 이 비가 진흥왕 29년(568년)에 만들어진 것이고, 승려를 도인(道人)이라 한 것은 6조시대의 풍습이며, 진흥왕이 이곳까지 개척하였다는 사실이 《삼국사기》에 누락되어 있다고 적시한 것은 주목된다.

그는 우리의 풍습에 대해서도 관심을 기울였다. 최초로 세시풍속을 기록한 《경도잡지》를 저술하였을 뿐 아니라, 중국의 항(炕)이 고구려의 온돌에서 비롯된 것임을 밝혔고, 옥저의 민며느리 제도에 대해서도 언급하였으며, 단오절에 쑥떡을 해먹는 풍습이 발해에서 비롯되었다고도 하였다. 이렇게 우리 것에 대해 관심을 가지게 된 것은 중국 시에 대한 일방적인 모방에서 벗어난 그의 문학론과 궤를 같이하는 것으로서, 이것이 바로 우리 역사에 대한 애착으로까지 연결되었다는 점에서 중요한 의미를 지닌다.

이제 그가 인식하였던 한국사 체계를 살펴보자. 그가 《사군지》(四郡志)에서 언급한 한국사 체계는 한백겸(韓百謙)의 영향이 컸던 것을 보여준다. 한강을 경계로 하여 북쪽과 남쪽의 역사를 구분한 것은 그의 영향이 분명하다. 그가 일찍부터 한백겸의 영향을 받았던 것은 31세에 《동국지리지》를 보고서 《이십일도회고시》를 썼던 데에서 확인할 수 있다.

그러나 《이십일도회고시》를 쓸 때만 하여도 주제가 한반도 안에만 국한되었고, 더구나 한강 이남의 역사에 중점이 두어지고 있는 것을 발견할 수 있다. 반면에 《발해고》와 《사군지》는 한강 이북의 역사로 중심이 기울면서 북방의 역사에 중점을 둔 역사서다. 따라서 그간에 역사 인식에서 커다란 변화가 있었음을 짐작할 수 있다.

그가 북방의 역사에 주목하게 된 것은 나약해져 버린 조선의 현실에 대한 비판적 시각과도 무관하지 않다. 《발해고》서문에서 우리 역사의 무대였던 만주를 잃어버린 데에 대해 통탄하였고, 《사군지》서문에서는 조선의 '숭문억무'(崇文抑武) 정책을 비판하면서 북방 영토를 강건하고 상무적(尙武的)인 기질의 고향으로 생각하였다. 그뿐만 아니라 우리나라 역사에서 신기한 공을 세운 사람들로서 을지문덕, 안시성 성주, 강감찬, 김윤후, 박의(朴義)를 열거하였는데, 이들은 모두 외적을 무찌른 사람들이니 이로부터 가히 그의 역사 인식을 엿볼 수 있다. 만주족이 중원으로 들어와 점차 상무적인 기질을 상실해가고 있는 것을 건륭제가 한탄하였던 사실을 인용한 것도 바로 그러한 의식에서 나왔다.

그의 저술은 서울대학교 규장각과 국립중앙도서관 등에 흩어져 보관되어 있는 상태로서, 아직 체계적으로 정리되어 있지 않다.

그의 저술은 네 가지로 분류해볼 수 있다. 첫째는 자신의 시문들을 모은 것이거나 이와 관련된 것이다. 여기에는 자신이 지은 시문을 모아 놓은 《영재집》(泠齋集)과 기자에서 후백제에 이르는 우리나라 시들을 엮어 놓은 《동시맹》(1772년)이 있다.

둘째는 시문에도 속하는 것이기는 하지만, 직접적으로 연행(燕行)과 관련된 것들이다. 그는 두 차례에 걸쳐 연행을 다녀왔는데, 이보다 앞서 청나라 문사들의 시문을 모은 것이《중주십일가시선》(中州十一家詩選, 1777년)이다. 이 책은 나중에《병세집》(1796년)으로 완성시켰다. 그리고 그의 연행과 직접적으로 관련된 것으로서《난양록》(일명 열하기행시주熱河紀行詩註)과《연대재유록》(燕臺再游錄)이 있고, 연행할 때의 단상(斷想)들을 모아 놓은《금대억어》(金臺臆語)가《후운록》(後雲錄)에 수록되어 있다.

셋째는 신변 잡사와 단상들을 연대순으로 써 내려간《고운당필기》(古芸堂筆記)와 우리나라 세시풍속을 최초로 기록한《경도잡지》가 있다. 특히《경도잡지》는 뒤에 김매순(金邁淳)의《열양세시기》(洌陽歲時記), 홍석모(洪錫謨)의《동국세시기》(東國歲時記) 편찬에 커다란 영향을 주었다.

넷째는《이십일도회고시》,《발해고》,《사군지》와 같은 역사서이다.

3.《발해고》

그가 역사가로서 확고한 자리를 잡게 된 것은 무엇보다도 이 책으로 인해서이다. 역사학계에서의 연구가 모두 이 책에 집중되어 왔던 데에서도 짐작할 수 있다.

국립중앙도서관에는 1권으로 된《발해고》와 4권으로 된《발해

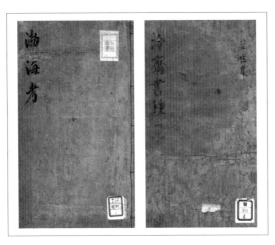

1권본 《발해고》(왼쪽)·《영재서종》

고》가 각기 필사본 형태로 소장되어 있다. 1권본(9고본, 초고본)은 독립된 책으로 되어 있는 데에 비하여, 4권본(5고본, 수정본)은《영재서종》(泠齋書種)에 수록되어 있다. 이 두 필사본을 검토해본 결과 1권본이 유득공이 처음에 썼던 것이 분명하다. 유득공 자신의 서문에 밝힌 군고, 신고, 지리고 등 9고의 목차가 이와 일치하기 때문이다.

4권본은 유득공이 언젠가 내용을 수정하고 증보하였던 것으로 판단된다. 다음의 비교표에서 알 수 있듯이 4권본에는 다소의 변화가 보인다. 우선, 전체 분량이 증가하였으니, 단순 계산을 해보면 35% 정도가 증가한 셈이다. 특히 지리고의 내용을 대폭 늘려서 보완한 것이 주목된다. 다음으로는 목차 구성이 달라졌다. 서두에 실린 내용이 달라졌고, 본문에서도 의장고, 물산고, 국어고가 삭제되어 있다.

1권본 《발해고》		4권본 《발해고》		4권본의 특색
분량	1면당 10행 22자씩 총 46장(張)	분량	1면당 10행 21자씩 총 65장	본문 분량이 늘어남
서론	왕계도 서문(박제가, 유득공) 간단한 목록 인용서목	서론	오경도 오경표 상세한 목록	서론에 수록된 내용이 왼편 비교표처럼 서로 다름
권1	군고	권1	군고	내용에 약간의 가감이 있고, 흥료주와 염부왕의 순서가 바뀜
	신고	권2	신고	대낭아, 정태 등 32명이 추가되었고, 위균 등 5명의 수록 순서가 바뀜
	지리고	권3	지리고	가장 변화가 큼. 특히 세부 목차가 설정되고, 지리에 대한 고증이 대폭 늘어남
	직관고	권4	직관고	품복(品服)을 신설함
	의장고			직관고에 편입됨
	물산고			삭제됨
	국어고			삭제됨
	국서고		예문고	당 현종 칙서 4편을 추가하고, 자신의 견해 추가
	속국고		부 정안국고	자신의 견해 추가

《발해고》의 판본 비교(13쪽 오경 비교도 참조)

현재 가장 많이 알려진 조선고서간행회 간행본은 1권본 필사본을 저본으로 해서 활자화 한 것이다. 그러나 인쇄본과 필사본 사이에 몇몇 글자들이 달리 나타나서, 국립중앙도서관에 소장된 필사본을 직접 모본으로 삼았던 것 같지는 않다. 필사본과 조선고서간행회 간행본에는 박제가와 유득공 자신이 쓴 서문만 붙어 있으나, 성해응이 지은 서문과 이규경이 지은 발문이 따로 전한다.

저자의 서문은 1784년 윤3월에 지은 것으로서, 여기에는 이 책을

대조영이 발해를 건국했던 동모산

지은 경위와 목적이 잘 드러나 있다. 그가 이 책을 짓게 된 직접적인 계기는 검서관으로서 규장각에 소장된 책들을 많이 읽을 수 있었던 데에 있다. 박제가가 서문에서 암시하고 있듯이 유득공이 《이십일도회고시》를 쓸 적에는 한반도 안의 역사에만 국한되었고, 여기서 나아가 한반도 밖으로 시야가 확대되어 나타난 것이 《발해고》이다. 그의 나이 31세에서 37세 사이에 의식의 변화가 있었던 것이다.

이 책은 9장으로 구성되어 있는데, 그가 책 이름에 굳이 '고'(考) 자를 붙인 이유가 그의 서문에 적혀 있다. 아직은 자료 정리에 그치고 있을 뿐이지 역사서로서의 체계를 갖추지 못하였기 때문이라는 것이다.

그래서 그런지 〈군고〉에서 대조영의 아버지 걸걸중상(乞乞仲象)

을 속말말갈인으로 규정하여 대씨가 고구려인이라고 주장한 서문의 내용과 모순을 일으키고 있다. 또한 서문에서 표방된 남북국시대론에 걸맞은 내용이 본문에 보이지 않는다.

그러한 미숙성은 흥료국왕(興遼國王)과 오사국왕(烏舍國王)을 〈군고〉에 넣은 데에 반하여 정안국(定安國)은 〈속국고〉에 넣은 데에서도 찾아볼 수 있다. 발해 멸망 후에 활동한 유민들의 기록을 보고서 발해가 언제 망하였는지는 알 수 없지만 926년에 망한 것이 아니라고 주장한 것도 역시 그러한 데에서 온 것이다. 그러나 이러한 미숙성이 보인다고 하여 역사상 최초로 발해사를 체계화하고자 하였던 사학사적 의의가 조금도 퇴색되지는 않을 것이다.

한편 〈지리고〉(地理考)에서는 《신당서》(新唐書), 《요사》(遼史), 《청일통지》(淸一統志)를 인용하면서 자신의 견해를 달았는데, 이용범(李龍範)은 이곳이 오류가 제일 많은 부분이라고 지적하였다. 그러나 이러한 오류는 저자에 기인한 것이 아니라 《요사》〈지리지〉의 두찬에서 비롯된 것이다. 오히려 〈지리고〉에 보이는 단편적인 견해들에는 주목할 만한 것이 많다. 《청일통지》에서 곽주(郭州)를 찾아내어 《신당서》에서 누락된 사실을 밝혀낸 것이라든지, 거란 태조가 발해를 병합하여 103개의 성읍을 얻었다고 하였는데 기록에 남아 있는 군현이 113개가 되므로 이상하다고 지적한 것은 그의 고증학적인 태도를 잘 드러낸다. 또한 《청일통지》의 견해에 따라 발해 5경의 위치를 비정하게 되면, 동경·서경·중경·남경의 방위가 뒤죽박죽

	《요사》	1권본	4권본	현재
상경	(현 영안)	영고탑	영고탑	영안
중경	요양, 즉 평양	길림	길림	화룡
동경	개주(현 봉성)	봉황성	경성	훈춘
남경	해주(현 해성)	해성현	함흥	북청
서경	녹주(현 임강)	압록강 근처	강계 동북 200리	임강

5경 비정 비교표

되어 버린다는 사실을 들어 의문을 제기한 것도 중요한 지적이다.

《청일통지》는《요사》의 잘못을 많이 답습하고 있어 오류가 많지만, 이따금 그 잘못을 지적한 대목도 눈에 뜨인다. 유득공도 이 영향을 받아《요사》의 오류를 인식하고 더 적극적으로 문제점을 제기하였고, 그의 다른 저서인《난양록》이나《사군지》에서도 역시 이러한 잘못을 지적하였다. 그렇지만 다음 표에서 알 수 있듯이, 1권본에서는《요사》와《청일통지》의 영향에서 벗어나지는 못하였고, 4권본 단계에 와서 비로소 이들의 잘못을 극복하고 있다.

특히 동경과 남경을 비교하면 변화가 분명하게 드러난다. 동경이 지금의 요령성 봉성현(鳳城縣), 남경이 지금의 요령성 해성현(海城縣)에 있었던 것으로 비정하던 것을 시정하여, 동경을 함경북도 경성, 남경을 함경남도 함흥으로 옮겨 놓았다. 이것은 동경을 훈춘, 남경을 북청으로 비정하는 지금의 통설에 훨씬 근접해 있음을 알 수 있다.

유득공의 지리 고증 작업은 성해응 및 정약용, 한진서 등이 발해 지리를 제대로 비정할 수 있는 밑거름이 되었다는 점에서 그 의의

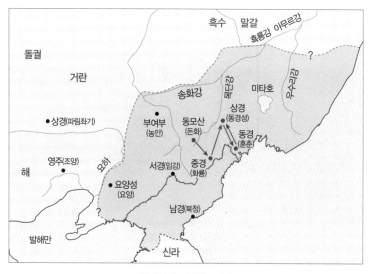

발해의 영토와 천도과정

가 크다. 그런 의미에서 성해응의 서문에 그가 지리학에 밝았다고 지적한 것은 적절하다.

　이 책에는 모두 22종의 책이 인용되었다. 이 중에서 주목되는 것은 일본의 역사서가 포함되어 있다는 점이다. 그는 이서구가 일본인들의 시를 모아서 엮은《일동시선》(日東詩選)에 서문을 썼고, 이 책의 편찬보다 뒤의 일이지만 왕명을 받들어 이덕무와 함께《국조병사》(國朝兵事, 1791년)를 엮으면서 일본의 병제(兵制)도 포함시켰으며, 이덕무의《청령국지》(蜻蛉國志)에 서문을 써준 바도 있다. 이와 같이 일본과 밀접한 관련이 있는 그로서는 이들의 역사서를 인용하는 것이 당연한 것이었겠지만, 일본 자료를 토대로〈국서고〉(國

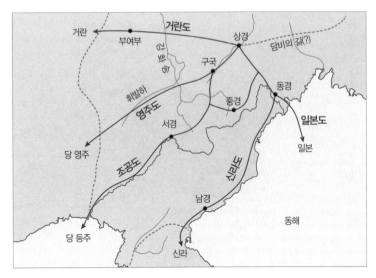

발해의 대외 교통로

書考)라는 독립된 항목을 설정할 정도로 자료 이용의 범위가 확대
된 사실도 역시 평가받아야 마땅할 것이다. 국내 자료로서 눈에 뜨
이는 것은 《영순태씨족보》(永順太氏族譜)인데, 아쉽게도 지금 남아
있는 족보는 여기에 거론된 것이 아니고 거꾸로 《발해고》를 바탕으
로 재작성된 것이다.

그가 사학사에서 확고한 위치를 점하고 있는 것은 무엇보다도 서
문에 나타난 혁신적인 발해관 때문이다. 이미 잘 알려진 바대로 그
는 여기서 고려가 발해까지 우리 역사에 넣어 '남북국사'(南北國史)
를 썼어야 하는데 그렇지 않았다고 서두를 꺼낸 뒤, 발해를 세운 대
씨가 고구려인이고 발해가 차지하고 있던 땅도 고구려 땅이었다고

하여 발해가 고구려를 계승한 나라임을 강조하였다. 이것이 이른바 '남북국시대론'의 효시를 이루는 것이다.

나아가 발해 영토가 거란과 여진에게 넘어가 버렸지만, 고려가 발해사를 서술하지 않음으로써 이제는 이 땅을 도로 찾으려 하여도 근거가 없게 되었다고 한탄해 마지않았다. 이렇게 그가 발해 옛 땅을 되찾자는 의식을 가지게 된 것은 18세기에 보편적으로 나타나는 북방영토에 대한 관심과도 무관하지 않을 것이다. 그러나 그는 한 걸음 나아가 발해사를 우리 역사 속에 넣을 것을 적극적으로 주장하고 이를 뒷받침하기 위하여 발해사를 나름대로 체계화하고자 함으로써, 그 자신을 한국사학사 한가운데에 우뚝 세우는 데에 그 누구도 주저하지 않도록 만들었다.

근대에 박은식이 《한국통사》를 지으면서 유득공의 뜻을 이어받아 후세 사람들이 발해사 책을 쓰지 않은 것을 한탄하였다.

4. 맺음말

유득공은 서얼로 태어났고 부친마저 일찍 돌아갔기 때문에 신분상으로나 경제적으로나 불우한 환경 속에서 자랐다. 자신의 답답한 심경을 토로한 시들이 주로 20대에 지어진 것이라는 사실은 이러한 사정을 잘 보여준다.

발해와 삼국의 와당
왼쪽부터 발해, 고구려, 백제, 신라

　그러나 30대 이후에 들어서 밝고 일상적인 주제들로 바뀌어 버린 것은 그가 마침내 어두운 환경을 딛고 일어섰던 것을 보여준다. 여기에는 시대적 배경도 무시할 수 없다. 그가 신분적 제약이 있었음에도 불구하고 32세에 검서관으로 출발하여 20여 년간의 관직 생활을 거쳐 만년에 정3품까지 올랐던 것은 과거에는 상상도 하기 어려운 것으로서 정조의 특별한 배려가 없이는 불가능하였기 때문이다.

　그는 이렇게 불우한 환경을 극복하면서 스스로 자신의 세계를 구축해갔으니, 아마 박지원, 이덕무, 박제가, 이서구 등과 같은 북학파 인사들과의 교유가 없었으면 불가능한 일이었을 것이다. 이런 과정에서 그는 문장가로 출발하여 많은 시를 남겼고, 나중에는 역사가로서도 중요한 업적을 남기게 되었다.

　역사가로서 그의 인식은 초기에 남방 중심의 역사 인식에서 시작하여 나중에 북방 중심의 역사 인식으로 변모해갔으니, 그 결과 나타난 《발해고》와 《사군지》는 그로 하여금 한국사학사에서 뚜렷한 족적을 남기게 하였다. 그는 발해의 옛 땅을 회복하여야 한다는 생

각을 가지고《발해고》를 저술하였고, 북방 역사의 연원을 밝혀보고
자 하는 의도에서《사군지》를 저술하였던 것이다. 그리고 이러한 연
구는 나중에 정약용(丁若鏞), 한치윤(韓致奫) 등의 연구 업적이 나올
수 있는 토대를 마련하였던 것으로 평가할 수 있다. 특히 발해사를
체계적으로 정리하고자 하였던 그의 노력은 더더욱 높이 평가받아
야 마땅할 것이다.

儒州　柳得恭惠風撰

醉香山楼藏

君考

震國公

震國公姓大氏名乞乞仲象粟末靺鞨人也粟末靺鞨者

臣於高句驪者也或言大氏出自大庭氏東夷之有大氏

自大連始也唐高宗總章元年高句驪滅仲象與子祚榮

率家屬徙居營州粺舍利舍利者契丹語帳官也武后萬

歲通天二年契丹松漠都督李盡忠歸誠州刺史孫萬榮

叛唐陷營州殺都督趙文翽仲象愍與靺鞨首乞四比羽

1권 《발해고》

발해국

요동지방[1] 전체가 발해 땅이었고, 동북의 오랑캐들까지 병합하였다. 당나라 현종 계축년(713)에 일어나,[2] 후당 장종 병술년(926)에 멸망하였다. 13대 왕에 이르렀으나, 그 후는 알 수 없다. 214년간 나라를 유지하였다.

---

1. 원문은 '요계'(遼界)이다. 요나라의 땅, 요하 일대, 요양(遼陽) 일대 등으로 번역할 수 있는 막연한 용어인데, 발해 영토와 관련해서 볼 때에 넓은 의미의 요동지방으로 해석하는 것이 가장 적절하다.
2. 이 해에는 대조영이 당나라로부터 책봉을 받아 양국 사이에 국교가 정식으로 수립되었고, 발해가 건국된 것은 698년이다.

진국공 걸걸

└ 1세 고왕 조영[말갈인, 성은 대씨] ─ 2세 무왕 무예 ─ 3세 문왕 흠무 ─

┬ 굉림[일찍 사망함] ┬ 5세 성왕 화여 ─ 6세 강왕 숭린[문왕의 작은 아들] ┐

└ 4세 폐왕 원의[문왕의 일가 동생[3]] ┘

└ 7세 정왕 원유[강왕의 아들] ─ 8세 희왕 언의 ─ 9세 간왕 명충 ─

─ 10세 선왕 인수[간왕의 종부, 고왕의 동생인 대야발의 4세손] ─

─ 신덕[일찍 사망함] ─ 11세 왕 이진[선왕의 손자, 신덕의 아들] ─

─ 12세 왕 건황 ─ 13세 왕 현석[계보 불명] ─ 왕 인선[멸망한 뒤 거란으로 들어감]

[부록] 흥료주[고왕의 7대손. 오사성 부유부 염부왕도 있었음][4]

---

3. 원문은 '족제'(族弟)이다. 일가 친척 가운데 동생뻘 되는 사람으로, 척제
    (戚弟)라고도 한다.
4. 이 쪽은 《동사강목》의 '전수지도(傳授之圖)'를 참고하여 필사자나 소장자
    가 덧붙여 작성한 것 같다.

성해응의 서문[1]

영재 유혜보가 일찍이 궁중 서적들을 살피다가[2] 발해에 관한 사실을 얻게 되어, 왕의 계보와 인물 전기 및 지리 등을 《신당서》〈발해전〉보다 더 상세하게 엮어 한 권으로 만들었다.

발해 대씨[3]는 속말수[4]에서 일어났으니, 속말수는 지금의 혼동강[5]이

1. 국립중앙도서관 필사본에는 성해응의 서문이 없어서, 《연경재전집》(研經齋全集, 오성사, 영인본) 〈외집(外集) 제1〉의 179쪽에 실려 있는 것을 새로 추가하였다. 유득공의 4권본 지리 고증을 인용하였으므로, 이 서문은 원래 4권본을 위해 작성한 것으로 보인다.
2. 원문은 '상검중비서'(嘗撿中秘書)이다. 이것은 유득공이 역임한 검서관(檢書官)을 직접 지칭하는 것으로 해석될 수도 있지만, 《영재집》 권7에 있는 유득공의 서문에도 '궁중 도서를 많이 읽었다'[頗讀中秘書]란 구절이 나타나므로, 본문처럼 해석하였다.
3. 원문은 '태씨'(太氏)라 하였는데, 태와 대는 서로 통용하여 쓴다. 그렇지만, 발해왕은 대씨였고, 멸망 후에 고려로 들어온 후손은 태씨라 부르고 있으므로, 이를 구별하여 쓸 필요가 있다.
4. 속말수(粟末水)는 제2송화강을 가리킨다. 송화강(松花江)은 크게 북쪽으로 흐르는 부분과 동쪽으로 흐르는 부분으로 나뉘는데, 앞부분을 북류(北流) 송화강 또는 제2송화강이라 부르고, 뒷부분을 동류(東流) 송화강 또는 제1송화강이라 부른다.

다. 대씨가 흩어진 무리를 수습하여 동북지방에서 세력을 크게 떨치면서, 이웃 나라들과 사신을 교환하였고, 문장도 찬연히 빛을 발할 수 있었다. 또한 관직제도, 관품 및 복장제도, 그리고 주(州)·부(府)와 같은 지방제도를 마련하면서 당나라 제도를 많이 본받았다. 5경 15부 가운데, 남경 남해부는 지금의 남관 지방[6]에 있었고, 동경 책성부[7]는 지금의 북관 지방에 있었고, 서경 압록부[8]는 관서 지방의 북쪽 경계에 있었으며, 나머지 2경 15부는 모두 압록강과 두만강 밖으로 우리 땅과 그리 멀지 않은 곳에 있었다.

고구려가 멸망하자 당나라가 안동도호부를 설치하여 이를 지키게 하였다. 그러나, 중국에서 멀리 떨어져서 다스리기가 어려워 많은 고구려인들을 양자강과 회수(淮水)[9]로 이주시킨 결과, 그곳은 빈 땅이 되어 버렸다. 여기서 발해가 점차 세력을 키워 수백 년을 유지

---

5. 혼동강(混同江)은 시대에 따라 지칭 대상이 다른데, 여기서는 송화강을 이른다.

6. 남경 남해부의 위치를 성해응은 함흥 일대로 비정하였다(《연경재전집》〈외집 제1〉 354쪽 참조). 남관 지방은 지금의 함경남도 일대, 북관 지방은 함경북도 일대를 가리키는데, 《숙종실록》〈숙종 30년 5월 임자〉에 "남관의 북청·거산과 북관의 경성·수성(輸城)"을 지적한 데에서 알 수 있다.

7. 동경 책성부는 동경 용원부를 말한다. 성해응은 이곳을 육진(六鎭) 즉 지금의 함경북도 북부 지역에 비정하였다.

8. 이곳을 성해응은 강계 폐사군(廢四郡) 지역에 비정하였다.

9. 이곳은 실제로 양자강과 회수의 남쪽 일대이다(《자치통감》 권201, 〈당 고종 총장 2년 4월〉 참조).

하다가 거란에게 멸망당하였다.

무릇 숙신 이후로 물길(勿吉)이라 불리기도 하였고, 말갈이라 불리기도 하였으며, 발해라 불리기도 하였으나, 그 부락의 흥망성쇠를 논할 만한 자료는 충분하지 않다. 그렇지만, 사나운 우두머리들이 체력과 호기를 믿고[10] 산림 속에 집결하여 서로 다투어 빼앗으며 방자히 뛰어 돌아다닌 사실은 충분히 생각해낼 수 있으므로, 그들이 얻거나 잃은 자취와 영토의 변천 및 산천의 지세에 대해서는 국가의 큰 일을 꾀하는 사람들이 마땅히 헤아려 밝혀야 할 것이다.

그런데, 가탐[11]이 지은 《군국지》[12]는 소략하여 제대로 갖추어지지 않았고, 탈탈[13]이 지은 《요사》도 오류가 많고, 《금사》는 상세하지만 산 이름과 물 이름이 모호하여 근거로 삼기가 어렵다. 혜보가 본디 지리학에 밝아서 그가 인용하고 고증한 것이 모두 정연하고 사리에 맞으니, 남해부를 함흥에 비정하고 책성부를 경성에 비정한 것

---

10. 《한서》 권94하, 〈흉노전〉에 실린 양웅(揚雄)의 상서문에 다음과 같은 구절이 보인다. "흉노는 천성이 사납고 신체가 강건하여 체력과 호기를 자부하기 때문에, 선으로 교화하기가 어렵고 쉽게 악에 빠져든다."[外國天性忿鷙, 形容魁健, 負力怙氣, 難化以善, 易肆以惡.]

11. 가탐(賈耽, 730~805)은 당나라 사람으로 793년에 재상의 지위에 올랐다. 그는 외국에서 온 사신이나 먼 곳에서 온 사람을 만나면 꼭 그곳의 지리를 물어, 801년에 마침내 《해내화이도》(海內華夷圖)와 《고금군국현도사이술》(古今郡國縣道四夷述) 40권을 저술하였다. 이 가운데, 외국의 교통로에 대한 서술이 《신당서》 〈지리지〉에 실려 있고, 발해와 당나라 사이의 교통로에 대한 중요 정보도 이곳에 포함되어 있다.

이 그런 예이다. 다만, 압록부가 강계에서 동북쪽으로 2백 리 떨어진 압록강 북쪽에 있었다고 하였는데, 내가 압록부 관할에 있던 신주, 환주 등을 살펴보니, 압록강 남쪽에 있었지 강 북쪽에 있었던 것은 아니다.

  공께서 정력을 쏟아 고증하고 연구하여 이 책을 지은 것은, 본디 신기한 것을 좋아하는 성정에서 비롯된 것이지 다른 사람에게 알리고자 한 것은 아니었다. 그렇지만, 사람들이 자세히 검토하여 국가를 세워 운영해갔던 뜻을 이해하게 된다면, 이 세상을 다스리는 정책에 도움이 되는 것이 적지 않을 터인데, 이를 알아주는 사람이 극히 적어 함부로 버려지게 되니, 실로 애석한 일이다.

---

12. 《군국지》(郡國志)는 가탐이 지은 《고금군국현도사이술》을 가리킨다.
13. 탈탈(脫脫, 1314~1355)은 원나라 사람으로, 1341년에 우승상(右丞相)이 되어 정치를 일신하고 《송사》, 《요사》, 《금사》를 지어 당시에 현명한 재상으로 칭찬받았다.

이규경 발문[1]

발해는 해동성국이었으니, 비록 먼 변방에 있었다고 해도 반드시 석실[2]에 보관한 서적이 있었을 것인데도 증거로 삼을 만한 문헌이 없는 것은 왜일까? 아마 망할 무렵이 되어 여러 차례 큰 난리를 겪으면서 모두 불에 타버렸고, 후세에 전하려 마음에 둔 사람도 없었기 때문일 것이다. 그러므로 지금에 이르러서는 발해가 어떤 나라였는지 거의 모르게 되었으니, 개탄스런 일이다. 무릇 우리나라 옛 서적은 본디 고찰하기 어렵다고 하지만, 어찌 이처럼 볼품이 없을 수 있겠는가?

영재 유득공 씨는 시학(詩學)에 박식하고 뛰어났을 뿐 아니라, 동호[3]처럼 역사를 직필하는 재능도 겸비하였다. 일찍이 발해를 상고

---

1. 국립민속박물관 소장 4권본 필사본(민속 24323)에 실려 있다. 원문은 국립민속박물관 홈페이지에서 확인할 수 있다.
2. 중국 고대에는 서적과 문서를 석실(石室)에 보관하였다.
3. 동호(董狐)는 권력을 두려워하지 않고 원칙을 따라 직필한 춘추시대 사관이다.

할 만한 것이 없음을 한탄하여, 역사 기록을 널리 모으고 사실을 두루 채집하여 이 책을 편찬하였으니, 역사가의 체제를 깊이 갖추어 4권 5항목으로 구성하였다. 이로써 세상사람 모두 발해가 동방에 건국하였음을 알게 되었다.

발해가 망한 지 천 년만에 다행히 선생을 만나 역사책이 후세에 전해질 수 있게 되었으니, 사람들이 감격하게 되었다. 훗날 우리 역사를 보완하려는 자가 이로써 수정하고 보완하게 되면, "우리 역사에서 기록이 누락되어 발해를 상고할 수 없어서 뜻있는 선비들이 탄식하였더니, 유 아무개가 사라진 것을 보충하여 잃어버린 역사를 다시 전하게 되었다"고 대서특필할 것이니, 선생에게는 크나큰 영광일 것이다.

이 밖에 발해의 자취를 구해볼 수 있는 것으로는 증안의 《발해행년기》 10권, 당 장건장의 《발해국기》 3권 및 《당사》, 《요사》, 《송사》, 《삼국사기》, 《고려사》, 《일본일사》, 익재 이제현의 《역옹패설》, 미수 허목의 《발해열전》⁴, 구암 한백겸의 《동국지리지》, 성호 이익의 《사설》, 후암 이만운의 《기년아람》, 할아버지의 《기년아람》⁵, 《성경통지》 등의 서적이 있다.

---

4. 허목의 저서 《동사(東事)》 권3에서 고구려 세가와 백제 세가 뒤에 붙인 〈말갈열전〉을 가리킨다. 비록 〈말갈열전〉이라 했으나 《신당서》 〈발해전〉을 중심으로 발해사를 정리해놓았다.
5. 이규경의 할아버지는 이덕무로서, 이만운이 지은 책을 수정 보완하였다.

을해년(1815)에 마음이 맞는 사람들과 소화총서(小華叢書)를 편집하다가 감히 이 책을 역사 부류에 넣고 삼가 발문을 지어 뒤에 붙인다.

을해년 늦봄 삼월 삼짇날[6]에 오주거사(五洲居士) 이규경이 발문을 짓다.

---

6. 이 날을 불계일(祓禊日)이라 하여, 물가에서 목욕하여 좋지 않은 것을 씻어냈다.

《발해고》를 읽고[1]

혜풍 유득공의 《발해고》 서문에서 "발해사를 짓지 않았으니 고려의 국력이 떨치지 못하였음을 알 수 있다"고 하였으니, 그는 실로 국가와 민족에 관하여 역사의 힘이 중요한 것을 깊이 안 사람이라고 하겠다. 무릇 역사란 인민의 국가적 특성을 배양하는 요소요, 조상의 강토를 보전하는 계약서요, 나라의 영광을 드러내는 문장이요, 민족의 계통을 유지하는 족보책이므로, 어느 나라를 막론하고 종교와 역사가 망하지 않으면 그 나라는 망하지 않는다는 말을 어찌 믿지 않을 수 있겠는가?

대저 발해의 건국 역사로 말하면, 고구려의 종묘사직이 폐허가 되자 발해 고왕이 유민을 수습하여 한 번 외침에 40만 무리를 얻어서 오천 리 판도를 개척하였고, 무왕이 중국의 등주를 공격하여 그 자사를 주살함으로써 선왕의 치욕을 갚고 남쪽으로 일본과 교류하

---

1. 〈황성신문〉 1910년 4월 28일 2면에 실린 논설이다. 원문은 국립중앙도서관 디지털자료에서 확인할 수 있다.

고 서쪽으로 돌궐과 통하여 외교를 발전시켰으며, 문왕이 예악과 문물을 밝게 닦아서 해동성국의 명예를 성대하게 세상에 드러냈다.

그 빛나는 정수(精髓)들이 만대 역사가의 안목을 깨치게 할 것이 하나로 족한 것이 아닌데, 고려 5백 년 사이에 문인 학사들이 온전히 수습하지 않아서 3백 년 이름난 나라의 역사로 하여금 차가운 굴뚝, 황량한 풀로 변하고 회오리바람에 사라지게 하여 그 자취가 남아나지 않았으니, 이것으로 그 죄가 하나이다.

발해는 고구려의 유족이니, 동족의 나라가 흥망성쇠한 역사를 대하면서 전연 애석해 하는 생각도 없고 수습할 의사도 없은즉, 하물며 동족을 위하여 위기에서 도와줄 의로운 행동을 가졌겠는가? 이것으로 그 죄가 하나이다.

발해의 강토는 고구려의 판도로서 5천 리 산하가 우리 조상의 소유였으니, 발해사를 살피면 서쪽으로 거란을 책망하여 돌려받을 수 있고, 북쪽으로 여진을 책망하여 돌려받을 수 있어서, 우리의 강토를 잃지 않음으로써 동양세계에 일대 강국의 세력을 확장할 수 있었을 것이다. 그런데 고려의 문인 학사들이 이를 타인의 강토로 간주하여 5경 13부[2]의 빛나는 판도로 하여금 다른 나라 땅으로 전락하게 하고, 동남쪽 한 귀퉁이로 쪼그라들어 약소한 나라를 스스로 만들었으니, 이것으로 그 죄가 하나이다.

---

2. 5경 15부의 오류이다.

오호라, 5백 년 사이에 어느 역사가도 여기에 주목하지 않았으니, 누가 나라의 정수를 보존하며 나라의 영광을 발휘하였겠는가? 내가 이에 우리나라 역사가의 소홀했던 잘못을 한탄하고, 또 국가와 민족에 대한 역사의 관계가 중요함을 더욱 믿게 되었으니, 일반 역사가는 앞선 선배들의 오류를 답습하지 말고 정력을 십분 더하여 4천 년 역사의 신성한 광채를 더욱더 빛나게 하기를 엄숙히 빌어 마지 않는다.

박제가의 서문[1]

　내가 일찍이 서쪽으로 압록강을 건너서 애양[2]을 지나 요양[3]에 이른 적이 있는데, 그 사이 오륙백 리 길이 대개 큰 산과 깊은 골짜기였다. 낭자산[4]을 나오면서 비로소 끝없는 평원이 드넓게 펼쳐져 있고, 해와 달과 나는 새가 들판의 안개 속에서 오르내리는 것을 볼 수 있었다. 다시 동북쪽으로 고개를 돌리니 뭇 산들이 하늘을 두르고 땅을 막아서면서 마치 일(一)자를 그은 것처럼 가지런히 뻗어 있었으니, 앞서 큰 산과 깊은 골짜기라 한 곳이 바로 요동 1천 리의 바깥 울타리였던 셈이다. 이에 한숨지으며 "여기가 하늘의 끝이로구나"

---

1. 박제가의 서문은 그의 문집인 《정유집》(貞蕤集, 국사편찬위원회 편찬, 탐구당, 224~245쪽)에도 실려 있다.

2. 애양(靉陽)은 현재 중국 요령성 단동(丹東)시 봉성만족자치현(鳳城滿族自治縣)에 속해 있는 애양진(靉陽鎭)을 가리킨다.

3. 요양(遼陽)은 요령성 중부의 태자하(太子河) 중류에 있는 도시를 가리킨다.

4. 낭자산(狼子山)은 낭자산참(浪子山站)을 말하는 것으로서, 요양에서 남동쪽으로 70리 떨어져 있으며, 지금의 요양시 동남에 있는 양갑(亮甲)이 이에 해당한다. 담기양(譚其驤)이 주편(主編)한 《중국역사지도집》(中國歷史地圖集) 〈석문회편(釋文滙編)·동북권(東北卷)〉(중앙민족학원출판사, 1988, 295쪽) 참조.

하고 탄식하였다.

무릇 요동은 천하의 한 귀퉁이이지만, 영웅과 제왕이 이보다 더 많이 일어났던 곳이 없으니, 대개 그 땅이 연과 제 지방[5]에 인접해 있어서 쉽게 중국의 형세를 엿볼 수 있었기 때문이다. 그런 까닭으로 발해 대씨가 이미 흩어져 미약해진 유민을 이끌고, 더구나 산외 지방[6]을 잘라 포기하였으면서도, 한 귀퉁이에 웅거하며 천하와 겨룰 수 있었던 것이다. 고려 왕씨가 삼한[7]을 통합하였다고 하지만, 압록 강을 한 발자국도 끝내 넘어서지 못하였으니, 산천(山川)의 할거(割據)와 득실(得失)에 관한 자취를 대체로 여기서 찾아볼 수가 있다.

무릇 부녀자가 보고 듣는 것은 용마루를 넘지 못하고, 어린아이가 노는 곳은 겨우 문지방에 미칠 뿐이니, 담장 밖의 일을 말하기가 어려운 법이다. 우리나라 선비들이 신라 영토[8] 안에서 태어나 그 바깥의 일에 대해서는 눈과 귀를 틀어막아 버리고, 또한 한나라와 당나라, 송나라, 명나라의 흥망과 전쟁에 관한 일도 알지 못하니, 어찌

---

5. 이곳은 전국시대 7웅에 속한 연(燕)나라와 제(齊)나라가 있던 곳으로, 각기 지금의 하북성과 산동성 일대를 가리킨다.

6. 산외(山外) 지방은 중국에서 태항산(太行山) 동쪽 일대, 즉 지금의 산동성 지역을 가리킨다. 여기서는 산해관 밖의 요서 지방을 의미하는 것으로 보인다. 유득공은 발해 영역이 요동까지 뻗어 있었던 것으로 이해하였다.

7. 원문에는 '삼한'(三韓)이라 하였는데, 여기서는 후삼국을 말한다.

8. 원문은 '신라구주'(新羅九州)이다. 통일신라가 전국을 9주로 나누었으므로, 신라 영토를 가리킨다.

발해의 역사를 알 수 있겠는가?

내 친구 유혜풍은 박식하고 시를 잘 지으며 과거의 일도 상세히 알고 있으므로, 이미 《이십일도시주》[9]를 지어 우리나라의 볼 만한 것들을 자세히 밝혀 놓았다. 더 나아가 《발해고》 한 권을 지어서 인물, 군현(郡縣), 왕의 계보, 연혁을 아주 미세한 것까지 세세히 엮어서 종합해 놓았으니, 가히 기쁜 일이다. 그가 말하고자 하는 바는, 고려 왕씨가 고구려 영토를 회복하지 못하였음을 한탄하는 것이니, 왕씨가 옛 땅을 회복하지 못함으로써 계림과 낙랑의 터전이 마침내 모호해지고 스스로 천하와 단절되어 버렸던 것이다.

이에 내가 전에 검토한 바와 서로 부합되는 것을 알게 되었고, 천하의 형세를 살피고 왕도와 패도의 지략을 엿볼 수 있는 유혜풍의 재능에 감탄하였다. 또한 이 책이 어찌 일개 국가의 문헌으로만 가치를 논하겠는가, 중국의 호회, 마령[10]이 지은 책과 그 장단점을 함께 비교할 수 있을 따름이다. 그러므로 이처럼 서문을 지어 논한다.

정조 9년(1785) 가을

---

9. 《이십일도시주》(二十一都詩註)는 유득공이 31세 때(1778)에 지은 《이십일도회고시》(二十一都懷古詩)를 가리킨다.

10. 호회(胡恢)와 마령(馬令)은 모두 흩어진 사료를 모아서 《남당서》(南唐書)를 지은 사람들이다. 호회가 지은 책은 전하지 않고, 마령이 지은 30권본과 육유(陸游)가 지은 15권본만이 전한다. 《정유집》에 실린 서문에는 이 두 사람 대신에 섭융례(葉隆禮), 왕즙(汪楫)으로 나온다.

유득공의 서문[1]

고려가 발해사를 짓지 않았으니, 고려의 국력이 떨치지 못하였음을 알 수 있다. 옛날에 고씨가 북쪽에 거주하여 고구려라 하였고, 부여씨가 서남쪽에 거주하여 백제라 하였으며, 박·석·김씨가 동남쪽에 거주하여 신라라 하였다. 이것이 삼국으로 마땅히 삼국사(三國史)가 있어야 했는데 고려가 이를 편찬하였으니 옳은 일이다. 부여씨가 망하고 고씨가 망하자 김씨가 그 남쪽을 영유하였고, 대씨가 그 북쪽을 영유하여 발해라 하였다. 이것이 남북국이라 부르는 것으로 마땅히 남북국사(南北國史)가 있어야 했음에도 고려가 이를 편찬하지 않은 것은 잘못된 일이다.

무릇 대씨는 누구인가? 바로 고구려 사람이다. 그가 소유한 땅은 누구의 땅인가? 바로 고구려 땅으로, 동쪽과 서쪽과 북쪽을 개척하여 이보다 더 넓혔던 것이다. 김씨가 망하고 대씨가 망한 뒤에 왕씨가 이를 통합하여 고려라 하였는데, 그 남쪽으로 김씨의 땅을 온전히 소유

---

1. 이 서문은 유득공의 문집인 《영재집》 권7(국립중앙도서관 소장)에도 실려 있는데, 약간씩 다른 부분이 있지만 내용이 달라질 정도는 아니다.

하게 되었지만, 그 북쪽으로는 대씨의 땅을 모두 소유하지 못하여, 그 나머지가 여진족에 들어가기도 하고 거란족에 들어가기도 하였다.

이때에 고려를 위하여 계책을 세우는 사람이 급히 발해사를 써서, 이를 가지고 "왜 우리 발해 땅을 돌려주지 않는가? 발해 땅은 바로 고구려 땅이다"고 여진족을 꾸짖은 뒤에 장군 한 명을 보내서 그 땅을 거두어 오게 하였다면, 토문강[2] 북쪽의 땅을 소유할 수 있었을 것이다. 또 이를 가지고 "왜 우리 발해 땅을 돌려주지 않는가? 발해 땅은 바로 고구려 땅이다"고 거란족을 꾸짖은 뒤에 장군 한 명을 보내서 그 땅을 거두어 오게 하였다면, 압록강 서쪽의 땅을 소유할 수 있었을 것이다. 그러나 끝내 발해사를 쓰지 않아서 토문강 북쪽과 압록강 서쪽이 누구의 땅인지 알지 못하게 되어, 여진족을 꾸짖으려 해도 할 말이 없고, 거란족을 꾸짖으려 해도 할 말이 없게 되었다. 고려가 마침내 약한 나라가 된 것은 발해 땅을 얻지 못하였기 때문이니, 크게 한탄할 일이다.

누가 "발해는 요나라에 멸망되었으니 고려가 무슨 수로 그 역사를 쓰겠는가?"고 말할지 모르나, 그렇지는 않다. 발해는 중국제도를 본받았으니 반드시 사관(史官)을 두었을 것이다. 또 발해 수도인 홀한성(忽汗城)이 격파되어 고려로 도망해 온 사람들이 세자 이하 10여 만 명이나 되니, 사관이 없으면 반드시 역사서라도 있었을 것이

고, 사관이 없고 역사서가 없다고 하더라도 세자에게 물어 보았다면 역대 발해왕의 사적을 알 수 있었을 것이고, 은계종에게 물어 보았다면 발해의 예법을 알 수 있었을 것이고, 10여 만 명에게 물어 보았다면 모르는 것이 없었을 것이다. 장건장[3]은 당나라 사람이었으면서도 오히려《발해국기》를 지었는데, 고려 사람이 어찌 홀로 발해 역사를 지을 수 없었단 말인가?

아, 문헌이 흩어진 지 수백 년이 지난 뒤에 역사서를 지으려 해도 자료를 얻을 수 없구나. 내가 내각[4]의 관료로 있으면서[5] 궁중 도서를 많이 읽었으므로, 발해 역사를 편찬하여 군, 신, 지리, 직관, 의장, 물산, 국어, 국서, 속국의 9고(考)를 만들었다. 이를 세가(世家), 전(傳), 지(志)로 삼지 않고 '고'라 부른 것은, 아직 역사서로 완성하지 못하여 정식 역사서로 감히 자처할 수 없기 때문이다.

갑진년(1784) 윤3월 25일

---

3. 장건장(張建章, 806~866)의 묘지명이 1956년 북경에서 발견되어 그의 일생에 대해서 자세히 알려지게 되었다. 832년에 발해 사신이 유주(幽州, 현재의 북경)를 방문하자, 그는 833년에 사신으로 발해에 가게 되었다. 834년 9월에 발해 수도에 도착하였고, 835년 8월에 유주에 돌아왔는데, 그 뒤에《발해기》(渤海記) 3권을 지었다. 이 책은 현재 전해지지 않지만,《신당서》〈발해전〉에 많은 내용이 반영된 것으로 여겨지고 있다.

4. 내각(內閣)은 규장각을 가리킨다. 정조 6년(1782)에 교서관(校書館)을 규장각에 소속시킨 뒤로, 규장각을 내각이라 하고 교서관을 외각이라 하였다.

5. 유득공은 32세(1779)부터 37세(1784)까지 규장각 검서관으로 있었는데, 이때에《발해고》를 집필하였다. 그는 48세(1795) 때에 다시 검서관이 되었다.

목록

인용 서적 목록

《구당서》(舊唐書)	유후(劉昫) 지음
《신당서》(新唐書)	송기(宋祁) 지음
《오대사》(五代史)1	구양수(歐陽修) 지음
《송사》(宋史)	탈탈(脫脫) 지음
《요사》(遼史)	탈탈(脫脫) 지음
《자치통감》(資治通鑑)	사마광(司馬光) 지음
《삼국사》(三國史)2	김부식(金富軾) 지음
《고려사》(高麗史)	정인지(鄭麟趾) 지음
《동국통감》(東國通鑑)	서거정(徐居正) 지음
《속일본기》(續日本記)	관야조신진도(管野朝臣眞道) 지음
《일본일사》(日本逸史)	
《통전》(通典)	두우(杜佑) 지음
《통지》(通志)	정초(鄭樵) 지음
《문헌통고》(文獻通考)	마단림(馬端臨) 지음
《문헌비고》(文獻備考)	
《대명일통지》(大明一統志)	
《청일통지》(淸一統志)	
《성경통지》(盛京通志)	
《만성통보》(萬姓統譜)	능적지(凌迪知) 지음
《영순태씨족보》(永順太氏族譜)	
《여지승람》(輿地勝覽)	
《전당시》(全唐詩)	

---

1. 《오대사》는 《신오대사》(新五代史)를 가리킨다. 《구오대사》는 송나라 설
   거정(薛居正) 등이 편찬하였다.
2. 《삼국사》는 《삼국사기》를 말한다.

발해고

유주[1] 유득공 혜풍 지음. 취향산루[2] 소장.

---

1. 유주(儒州)는 황해도 신천군 문화면의 옛 이름으로, 유득공의 본관이 문화이다.
2. 취향산루(醉香山樓)는 한말에 역관을 지낸 김병선(金秉善 1830~1891)의 호이다.

1. 왕에 관한 고찰[君考]

1. 진국공(震國公)

진국공은 성이 대씨이고 이름은 걸걸중상(乞乞仲象)으로 속말말갈인이었다. 속말말갈[1]은 고구려에 신하가 되었던 자들이다. 어떤 사람은 대씨가 대정씨[2]에서 나왔고, 동이족에 대씨가 있게 된 것은 대련[3]에서 비롯되었다고 한다.[4] 당나라 고종 총장 원년(668)에 고구려가 멸망하자, 걸걸중상은 아들 대조영과 함께 집안 식솔을 이끌고 영주[5]로 옮겨와 사리[6]라 칭하였다. 사리란 것은 부락의 벼슬아치

---

1. 속말말갈(粟末靺鞨)은 말갈 7부락 가운데 하나로서, 현재 중국 길림성 길림시 일대에 살던 족속이었다.
2. 대정씨(大庭氏)는 중국의 전설적인 임금으로, 신농씨(神農氏)를 가리킨다는 견해가 있는가 하면, 이와 무관하다는 견해도 있다.
3. 대련(大連)은 《예기》(禮記) 〈잡기 하〉(雜記 下)에 나오는 인물인데, 동이족 출신으로 부모의 3년상을 잘 치렀다고 한다.
4. 이 구절은 《자치통감》 권210(臺灣 世界書局, 6680쪽)에 《풍속통》(風俗通)을 인용하여 주석으로 달려 있다.
5. 영주(營州)는 현재의 중국 요령성 조양(朝陽)으로, 당나라 때에는 동북 변방을 통치하는 전진기지였다. 고구려가 망한 뒤에 이곳에 고구려 유민이 많이 끌려와 있었다.

를 가리키는 거란(契丹) 말이다.

측천무후 만세통천 2년(697)[7]에 거란족인 송막도독(松漠都督) 이진충(李盡忠)과 귀성주자사(歸誠州刺史) 손만영(孫萬榮)이 당나라에 반기를 들어 영주를 함락시키고 도독 조문훼(趙文翽)를 죽였다. 이에 걸걸중상이 두려워하여 말갈 추장 걸사비우(乞四比羽) 및 고구려 유민과 함께 동쪽으로 요하를 건너 태백산[8] 동북 지역을 근거지로 삼았고, 오루하[9]에 의지하여 성을 쌓고 수비를 굳건히 하였다.

측천무후가 걸걸중상을 진국공으로 봉하고, 걸사비우를 허국공(許國公)으로 봉하였다. 그러나 걸사비우가 명령을 받들지 않자, 측천무후는 옥검위대장군[10] 이해고(李楷固)와 중랑장[11] 색구(索仇)를 시켜 걸사비우를 공격하여 목을 베었다. 이 무렵에 걸걸중상은 이

---

6. 사리(舍利)는 거란의 관직으로, 호민(豪民)이 일정량의 가축을 내면 이 칭호를 부여받았다고 한다.

7. 만세통천 2년(697)은 만세통천 원년(696)의 잘못이다.

8. 태백산(太白山)은 지금의 백두산이다.

9. 오루하(奧婁河)는 길림성 돈화시 성산자산성(城山子山城) 북쪽을 끼고 목단강으로 흘러 들어가는 대석하(大石河)로 여겨진다.

10. 옥검위대장군(玉鈐衛大將軍)은 《구당서》〈발해말갈전〉에는 우옥검위대장군(右玉鈐衛大將軍), 《신당서》〈발해전〉에는 옥검위대장군으로 나온다. 그러나 《자치통감》의 기록대로, 출정하였을 때에는 좌옥검위장군이었고, 개선해서 좌옥검위대장군으로 승진되었던 것으로 보인다.

11. 중랑장(中郞將)은 당나라 중앙군대인 16위(衛)에 속한 부병(府兵)을 통솔하던 무관으로 정4품하의 벼슬이다.

미 사망하였다.[12]

2. 고왕(高王)

고왕의 이름은 조영(祚榮)으로 진국공의 아들이다. 일찍이 고구려 장수가 되었는데, 아주 용맹스러웠고 말타기와 활쏘기를 잘 하였다. 진국공이 사망하고 걸사비우가 패하여 죽자 대조영은 이를 피하여 도망하였다. 이해고가 그를 뒤쫓아 천문령[13]을 넘자, 대조영이 고구려와 말갈 병사를 이끌고 크게 격파하여 이해고는 겨우 몸만 빼서 탈출하였다. 대조영이 걸사비우의 무리를 병합하여 읍루족이 살았던 동모산[14]을 거점으로 삼으니, 말갈과 고구려 유민들이 모두 그에게 돌아갔다.

마침내 돌궐(突厥)에 사신을 보내어 외교를 맺고, 부여·옥저·고조선·변한 등 바다 북쪽의 10여 국을 정복하였다.[15] 동쪽으로 동해

---

12. 이 문단에 서술된 사건은 발해 건국 이전에 일어났다.
13. 천문령(天門嶺)의 정확한 위치는 알 수 없으나, 대체로 혼하(渾河)와 휘발하(輝發河)의 분수령인 길림성 합달령(哈達嶺)에 해당하는 것으로 보인다.
14. 동모산(東牟山)은 길림성 돈화시에 있는 성산자산(城山子山)이다.
15. 이 구절은 《신당서》〈발해전〉에 나오지만, 변한이 발해 땅이었다는 것은 믿기 어렵다.

바다에 이르고, 서쪽으로 거란에 이르고, 남쪽으로 신라와 이하[16]를 경계로 이웃하였다. 그 나라 땅은 사방 5천 리에 달하였고, 호구는 10여만 호였고, 정예의 병사가 수만 명이었다. 또 중국의 문자를 잘 익혔으며, 풍속은 고구려·거란과 대체로 비슷하였다.

성력 연간[17]에 나라 이름을 진(震)이라 하고,[《신당서》에는 진(振)이라 하였고,[18] 《문헌비고》에는 진조(震朝)라 하였다] 스스로 왕위에 올라 진국왕이 되었다. 홀한성[19]을 쌓아 살았으니 영주에서 동쪽으로 2천 리[20] 떨어진 곳에 있었다. 이때에 해[21]와 거란이 모두 당나라에 반기를 들어서 도로가 가로막히자[22] 측천무후가 발해를 토벌할 수가 없었다.

중종이 즉위한 뒤에 시어사[23] 장행급(張行岌)을 발해에 파견하여

---

16. 이하(泥河)는 함경남도 남쪽 끝에 있는 용흥강(금야강)으로 추정된다.
17. 성력(聖曆) 원년(698)이 발해 건국 연도이다.
18. 《신당서》에서 진국(震國)이라 하였고, 《구당서》가 진국(振國)이라 하였다.
19. 홀한성(忽汗城)은 상경성(上京城)을 가리키는 것으로, 대조영이 동모산에 쌓은 성과는 다르다.
20. 당나라 때에는 대리(大里)와 소리(小里)가 있었는데, 대리는 약 531미터가 되고, 옛날 제도를 그대로 따른 소리는 약 442미터가 된다고 한다.
21. 해(奚)는 동호족의 한 갈래로서, 지금의 내몽고 시라무렌강 일대에서 활동하였다.
22. 이것은 당나라에서 발해로 가는 중간 지대인 요서 서부 지역에서 해와 거란이 반란을 일으켰던 사실을 가리킨다.
23. 시어사(侍御史)는 당나라 어사대(御史臺)에 속한 관료로서, 관리들의 잘

대조영을 위로하고 어루만지자, 고왕도 아들을 당나라에 보내 황제를 모시도록 하였다.[24] 현종 선천 2년(713)에 낭장[25] 최흔(崔訢)을 보내서 고왕을 좌효위대장군[26] · 발해군왕[27]으로 책봉하였고, 그가 통솔하는 영토를 홀한주[28]로 삼아 홀한주도독에 임명하였다. 이 때부터 말갈이란 칭호를 버리고 오로지 발해라고만 부르게 되었다. 이후 대대로 당나라에 조공을 바쳤고, 유주절도부와 서로 사신을 교환하였다.[29] 부여부(扶餘府)에 강한 군대를 주둔시켜 거란을 방비하였다.

현종 개원 7년(719)에 왕이 사망하자, 3월 병진일[30]에 당나라에

못을 밝혀 탄핵하거나 반역 · 살인 등 중대한 범죄를 담당하였다. 종6품 하의 벼슬이다.

24. 당나라에 왕자를 보내 궁중에 머물게 하는 것은 인질을 보내어 충성을 약속하는 성격을 띠지만, 다른 한편으로는 상대방의 정세를 탐지하는 역할도 하였다.

25. 낭장(郎將)은 중랑장 아래에 있던 무관을 말한다.

26. 좌효위대장군(左驍衛大將軍)은, 명목적이기는 하지만 당나라 중앙군대인 16위(衛) 가운데 하나인 좌효위의 대장군으로 임명된 것을 의미한다.

27. 발해군왕(渤海郡王)은, 명목적이기는 하지만 당나라 발해군(渤海郡)에 왕으로 봉해진 것을 의미하며, 당나라 봉작(封爵)제도에서 친왕(親王, 정1품으로 황제 아들에게 줌) 다음에 군왕(郡王)이 있다.

28. 홀한주(忽汗州)는, 명목적이기는 하지만 당나라가 발해 영토를 자신의 1개 주로 설정한 것으로서, 발해왕을 그 책임자인 도독으로 삼았다.

29. 유주절도부(幽州節度府)와 사신을 교환한 것은 발해 후기에 들어와서이다.

30. 《구당서》 권8을 보면, 병진(丙辰)이 아니라 정유(丁酉)이다.

사신을 보내 알렸다.

3. 무왕(武王)

무왕의 이름은 무예(武藝)로 고왕의 아들인데, 처음에 계루군왕 (桂婁郡王)으로 봉해졌었다. 개원 7년(719) 6월 정묘일에 당나라가 좌감문솔[31] 오사겸(吳思謙)을 임시로 홍려경[32]의 직책에 임명한 뒤, 발해에 가서 조문하고 제사를 지내도록 하였다. 이때에 무왕을 좌 효위대장군·홀한주도독·발해군왕으로 책봉하였다.

왕은 인안(仁安)이란 연호를 쓰고, 영토를 개척하였다. 풍속에 따라서 관(館)·역(驛)을 두지 않았고, 곳곳에 촌락을 두었다. 말갈을 백성으로 삼았고, 큰 촌락의 책임자로 도독(都督)을 두었고, 그 다음 은 자사(刺史), 그 아래는 수령(首領)이라 하였다. 동북의 오랑캐들 이 모두 두려워하여 신하가 되었다.

개원 14년(726)에 흑수말갈(黑水靺鞨)의 사자가 황제를 알현하자,

---

31. 좌감문솔(左監門率)은 좌감문솔부(左監門率府)의 책임자로 정4품상에 해 당한다. 동궁(東宮) 출입문을 관장하던 관청으로 좌우감문솔부(左右監門 率府)가 있었다.

32. 홍려경(鴻臚卿)은 외국 왕을 책봉하거나 외국 사절을 접대하는 책임을 맡은 홍려시(鴻臚寺)의 장관으로 종3품의 벼슬이다. '홍려' 대신에 '홍 로'로도 읽는다.

당나라 현종은 그 땅에 흑수주를 설치하고 장사[33]를 파견하여 감독하도록 하였다. 이에 무왕이 신하들을 불러, "처음에 흑수말갈이 우리의 길을 빌려서 당나라와 통하였고, 또 다른 때에는 돌궐에 토둔[34]을 요청하면서 우리에게 먼저 알린 뒤에 우리 사신과 동행하였다. 그런데 지금 당나라 관리를 요청하면서 우리에게 알리지 않았으니, 이는 분명히 당나라와 공모하여 우리를 앞뒤에서 치려는 것이다"고 말하였다. 이리하여 동생 문예(門藝)와 외삼촌 임아상[35]으로 하여금 군사를 동원하여 흑수말갈을 치도록 하였다. 그러나 문예는 간하면서 따르지 않다가 당나라로 도망가 버렸고, 이 때문에 당나라와 틈이 벌어지게 되었다.

개원 20년(732)에 대장 장문휴(張文休)로 하여금 해적을 이끌고 바다를 건너 당나라 등주[36]를 공격하게 하였다. 등주자사 위준(韋俊)을 죽이고서 선왕(先王)의 치욕을 씻었다고 하였는데, 사실은 문

---

33. 장사(長史)는 당나라 관직으로 도호부(都護府), 도독부(都督府), 주(州)에 설치하였는데, 막료(幕僚)의 우두머리에 해당하였다. 이 경우에는 당나라에서 흑수주에 장사를 파견하여 감독하게 한 것을 이른다.

34. 토둔(吐屯)은 돌궐(突厥)의 관직으로, 속국에 파견되어 그곳에 상주하면서 행정 감독과 부세 징수의 책임을 맡았다.

35. 사료에 '임아상'(任雅相), '임아'(任雅)로 나오는데, 임아가 옳은 듯하다. 당나라 사람에 임아상(?~662)이 있어 혼동한 것 같다. 또 그는 무왕의 '구'(舅)라 하였는데, 외삼촌 또는 장인을 말한다.

36. 등주(登州)는 지금의 산동성 봉래(蓬萊)를 가리킨다.

예 사건에 원한을 품었던 것이다. 현종이 크게 노하여 우령군장군[37] 갈복순(葛福順)에게 명하여 군사를 징발하여 토벌하게 하였다. 개원 21년(733)에 다시 문예로 하여금 유주[38] 군사를 징발하여 발해를 공격하게 하였다.

또, 고위 품관으로 있던 내사[39] 하행성(何行成)과 태복원외랑[40] 김사란[41]을 신라에 사신으로 보내서, 신라왕 김흥광[42]에게 개부의동삼사[43]를 내려주고, 부절(符節)을 주어 영해군사(寧海軍使)에 충당시키고, 계림주대도독(鷄林州大都督)에 임명하였다. 아울러 "발해는

---

37. 우령군장군(右領軍將軍)은 당나라 중앙군대인 16위(衛) 가운데 하나인 우령군위(右領軍衛)에 속한 장군 직책이다. 16위의 최고 책임자는 대장군이고, 그 다음이 장군으로 종3품에 해당한다.

38. 유주(幽州)는 지금의 북경 및 그 주변에 해당한다.

39. 원문은 '내사고품'(內史高品)으로 이 구절은 최치원의 '태사 시중에게 올리는 장문'[上太師侍中狀]에 나오는 것인데,《문원영화》(文苑英華) 권 471에는 중사(中使)로 나온다. 중사는 궁중에서 파견한 사자로 내시가 많이 맡았다. 여기서 내사는 내시를 의미한다. 고품은 인명으로 보는 것 보다는 고위 품관(品官)이란 의미로 해석하는 것이 옳을 듯하다.

40. 태복원외랑(太僕員外郎)은 태복원경(太僕員外卿)의 잘못이다. 태복경은 궁중의 마구간, 말, 수레 등을 담당하던 관청인 태복시(太僕寺)의 장관이며, 원외가 붙은 것은 실직이 아니라 명예직임을 나타낸다.

41. 김사란(金思蘭)은 신라 왕족인데, 일찍이 견당사로 당나라에 들어갔을 때에 당 황제가 머물게 하여 숙위하도록 하였다. 732년에 발해가 당나라를 공격하자, 당나라는 신라의 지원을 받기 위해 사신 하행성을 따라 귀국시켰다.

42. 김흥광(金興光)은 신라 성덕왕의 이름이다.

밖으로 제후국이라 하면서 안으로는 교활함을 품고 있어서 이제 군사를 동원하여 죄를 묻고자 하니, 그대도 군사를 징발하여 발해 남쪽 변방을 공격하도록 하라"고 유시하였다. 또 신라 명장 김유신의 손자 김윤중(金允中)을 장군으로 삼도록 명하고, 금과 비단을 내렸다. 신라왕은 김윤중 등 네 명의 장군을 시켜서 군사를 이끌고 당나라 군대와 만나 공격하도록 하였다. 마침 눈이 10척이 넘게 내리고 산길이 험준해서 얼어죽은 병사가 반이 넘자 중도에 포기하고 되돌아왔다.

이듬해에 신라인 김충신(金忠信)이 당나라에 글을 올려서, 황제의 뜻을 받들어 귀국하여 발해를 토벌하기를 요청하였다. 이에 현종이 허락하였으나 끝내 아무 성과도 없었다. 흑수말갈의 땅이 모두 발해에 복속되었다.

왕이 일본에 사신을 보내자, 일본 사신 조신충마려[44]가 왔다.

---

43. 개부의동삼사(開府儀同三司)는 당나라 최고위 문산관(文散官)으로, 종1품에 해당한다.

44. 조신충마려(朝臣虫麻呂)는 인전조신충마려(引田朝臣虫麻呂)를 가리킨다. 일본에는 의제적인 혈연집단을 나타내는 우지[氏], 가문이나 종사하는 일에 따른 사회적 지위를 나타내는 가바네[姓]가 있는데, 여기서 인전[히케타]은 우지, 조신[아송]은 가바네, 충마려[무시마로]는 이름이다. 참고로, 일본은 684년 10월에 제도를 고쳐서 마히토(眞人), 아소미(朝臣), 스쿠네(宿禰), 이미키(忌寸), 미치노시(道師), 오미(臣), 무라지(連), 이나키(稲置)의 8개 성을 마련하였다.

개원 26년(738)[《구당서》에는 25년이라 하였다]에 왕이 사망하여,[45] 8월 신사일에 당나라에 사신을 보내 알렸다.

4. 문왕(文王)

문왕의 이름은 흠무(欽茂)로서 무왕의 아들인데, 즉위하여 대흥(大興)으로 연호를 고쳤다. 개원 26년(738)에 당나라가 내시(內侍) 단수간(段守簡)을 보내서 왕을 좌효위대장군·홀한주도독·발해군왕으로 책봉하였다. 왕은 황제의 조서를 받들어 국내에 사면령을 내렸고, 사신을 보내 단수간을 따라 당나라에 들어가 황제를 알현하도록 하였다. 현종이 왕을 좌금오대장군[46]으로 삼았다.

천보 연간(742~756)에 당나라는 누차에 걸쳐 왕을 특진,[47] 태자첨사,[48] 태자빈객[49]으로 임명하였다. 천보 말년에 상경[50]으로 도

---

45. 무왕이 사망한 해는 737년이 옳다.
46. 좌금오대장군(左金吾大將軍)은 당나라 중앙군대인 16위(衛) 가운데 하나인 좌금오위의 최고 책임자를 가리킨다. 문왕이 즉위하여 당나라로부터 받은 직책이 좌효위대장군 또는 좌금오위대장군으로 나오는데, 기록을 따져보면 전자가 맞다.
47. 특진(特進)은 정2품에 해당하는 당나라 문산관이다.
48. 태자첨사(太子詹事)는 정3품에 해당하는 당나라의 동궁 관직이다.
49. 태자빈객(太子賓客)은 정3품에 해당하는 당나라의 동궁 관직이다.
50. 지금의 중국 흑룡강성 영안시에 상경성(上京城) 자리가 남아 있다.

읍을 옮겼다. 현종 연간(712~756)에 29회에 걸쳐 당나라에 조공하였다.

숙종 지덕 원재[51](756)에 평로유후[52] 서귀도(徐歸道)가 과의도위(果毅都尉)·행유성현사부경략판관(行柳城縣四府經略判官) 장원간(張元澗)을 발해에 보내서 "금년 10월에 안녹산(安祿山)을 칠 것이니 발해왕은 군사 4만 명을 징발하여 역적을 평정하는 데에 돕도록 하라"고 말하였다. 그러나 왕은 서귀도가 다른 마음을 먹고 있다고 의심하여 장원간을 억류시켰다.[53]

12월 병오일에 서귀도가 과연 유정신(劉正臣)을 북평[54]에서 죽이고,[55] 몰래 안녹산 및 유주절도사(幽州節度使) 사사명(史思明)과 함께 당나라를 공격하고자 공모하였다. 안동도호(安東都護) 왕현지(王玄志)[56]가 그 공모를 알고 정예의 병사 6천여 명을 이끌고 유성[57]을

---

51. 원재(元載)는 원년을 가리킨다. 당나라에서는 천보(天寶) 3재(744)부터 지덕 3재(758)까지 연도를 표기할 때에 연(年) 대신에 재(載)를 사용하였다.

52. 평로유후(平盧留後)는 평로절도사로 정식 임명되기 전에 임시로 대행하고 있었던 것을 의미한다. 원래 이 내용이 실려 있는 《속일본기》 권21, 〈천평보자 2년 12월〉에는 평로유후사(平盧留後事)로 나온다.

53. 서귀도는 본래 안녹산의 심복으로 평로절도사로 임명되었던 인물이다. 따라서 안녹산을 친다는 서귀도의 말은 거짓으로서, 문왕이 이를 간파하였던 것이다.

54. 북평(北平)은 지금의 하북성 완현(完縣)으로 북경 서남쪽에 있다.

55. 원문은 '짐'(鴆)이다. 원래 독이 있는 짐새를 의미하며, 그 깃으로 담근 술을 마시면 죽는다고 한다.

함락시켜 서귀도를 참수하였다. 그리고 스스로 평로절도[58]라 칭하며 북평에 나아가 주둔하였다.

4재[59] 4월에 왕현지가 장군 왕진의(王進義)를 발해에 보내서, "천자[60]가 이미 서경[61]으로 돌아왔고, 피신해 있던 태상황[62]을 촉(蜀)에서 맞이하여 별궁에 거주하게 하였으며, 적의 무리를 소탕하게 됨에 따라 저를 보내어 아뢰게 하였습니다"고 전하였다. 그러나 왕이 그 말을 믿지 못하여 왕진의를 머무르게 하고, 따로 사신을 보내서 자세히 알아보도록 하였다. 숙종이 왕에게 칙서 1권을 보냈다.

보응 원년(762)에 당나라가 조서를 내려 발해를 국(國)으로 삼고,[63] 왕을 발해국왕으로 올려 책봉하였으며, 검교태위[64]를 제수하

---

56. 원문에는 '왕지현'(王志玄)으로 나오지만 '왕현지'(王玄志)가 옳다. 원 사료인《속일본기》에도 왕현지로 나온다.

57. 유성(柳城)은 지금의 요령성 조양(朝陽)으로 평로절도사가 있던 곳이다.

58. 평로절도(平盧節度)는 평로절도사를 이른다.

59. 사재(四載)는 원 사료인《속일본기》에 '지덕삼재'(至德三載, 758)로 나온다.

60. 천자(天子)는 현종의 아들 숙종을 말한다.

61. 서경(西京)은 당나라 수도 장안을 가리킨다. 처음에 경성(京城)이라 하였다가 천보 원년(742)에 서경이라 하였고, 지덕 2재(757)에 중경(中京), 상원 2년(761)에 다시 서경이라 하였다(《신당서》권37,〈지리지 관내도〉참조).

62. 태상황(太上皇)은 현종을 이른다.

63. 처음에는 발해를 독립국가로 인정하지 않고 발해를 발해군(渤海郡), 발해왕을 발해군왕으로 삼았는데, 762년에 발해군을 발해국, 발해군왕을 발해국왕으로 승격시켰다. 명목적이기는 하지만, 이때에 이르러 비로소 독립국가임을 인정한 셈이다.

였다. 대종 대력 2년(767)부터 10년(775)에 이르기까지, 한 해 걸러서 또는 한 해에 두세 번씩 사신을 보내서 당나라에 조공하였다. 12년(777) 정월에 왕이 일본 무녀(舞女) 11명과 토산물을 당나라에 바쳤다. 4월과 12월에 다시 사신을 보내서 당나라에 조공하자, 사공[65]과 태위를 추가하여 제수하였다. 덕종 건중 3년(782) 5월, 정원 7년(791) 정월과 8월, 10년(794) 정월에 사신을 보내서 당나라에 조공하였다. 정원 연간(785~805)[66]에 다시 동경[67]으로 도읍을 옮겼다.

왕이 10회[68]에 걸쳐 일본에 사신을 파견하였다. 일본 사신 조신전수[69]가 왔고, 기촌전성[70]이 왔고, 양후사영구(陽侯史玲璆)가 왔고, 연익마려[71]가 왔고, 무생조수(武生鳥守)가 왔고, 조신전계[72]가 왔다.

대흥 57년(793) 3월 4일에 왕이 사망하였으니, 당나라 정원 10

---

64. 검교태위(檢校太尉)의 태위는 최고 관료인 3공(公)의 하나로 정1품에 해당하지만, 실제 직무가 있는 것이 아니라 명예직이었다. 앞에 검교가 붙은 것은, 실제 그 직책을 받은 것이 아니라 단지 관품의 높낮이만을 나타내는 것임을 의미한다.

65. 사공(司空)은 최고 관료인 3공(公)의 하나로 정1품에 해당한다.

66. 문왕이 793년 3월에 사망하였으므로, 동경으로 천도한 것은 785년~793년 사이가 되어 실제로는 정원 초반에 해당한다.

67. 지금의 중국 길림성 훈춘시에 동경성 자리인 팔련성(八連城)이 남아 있다.

68. 실제는 11회이다.

69. 조신전수(朝臣田守)는 소야조신전수(小野朝臣田守)를 이른다.

70. 기촌전성(忌村全成)은 내장기촌전성(內藏忌寸全成)을 이른다.

71. 연익마려(連益麻呂)는 이길연익마려(伊吉連益麻呂)를 이른다.

년[73]에 해당한다.

5. 폐왕(廢王)

폐위된 왕의 이름은 원의(元義)로서 문왕의 일가 동생이다. 문왕의
아들 굉림(宏臨)이 일찍 죽어 원의가 왕이 되었으나, 왕위에 있은 지
1년만에 의심이 많고 잔인하다 하여 나랏사람[74]들이 죽였다.

6. 성왕(成王)

성왕의 이름은 화여(華璵)로서 굉림의 아들이다. 나랏사람들이 원
의를 죽이고 왕으로 추대하였다. 중흥(中興)으로 연호를 고치고 상
경으로 도읍을 되돌렸다.

7. 강왕(康王)

강왕의 이름은 숭린[75]으로 문왕의 작은아들인데, 즉위하여 정력

---

72. 조신전계(朝臣殿繼)는 고려조신전계(高麗朝臣殿繼)를 이른다.
73. 이것은 정원 9년이 옳다.
74. 원문은 '국인'(國人)이다. 지금은 국민이란 의미로 쓰이지만, 고대에서
    는 국정을 운영해가던 귀족들을 가리킨다.

(正曆)으로 연호를 고쳤다.

정원 11년(795) 2월 을사일에 당나라가 내상시[76] 은지첨(殷志瞻)을 보내서 왕을 우효위대장군·홀한주도독·발해국왕[77]으로 책봉하였다. 14년(798)에 왕이 사신을 보내서 아버지 왕 때에 받은 관작을 들어서 이치를 따지자, 당나라가 은청광록대부[78]·검교사공을 추가하고, 발해국왕으로 올려 봉하였다. 21년(805)에 사신을 보내 당나라에 조공하였다. 정원 연간(785~805)에 네 번 당나라에 조공하였다.

순종이 왕을 금자광록대부[79]로 올려주었다. 헌종 원화 원년(806) 10월에 왕을 검교태위로 올려주었다. 12월에 사신을 보내 당에 조공하였다. 왕이 두 차례 일본에 사신을 보냈는데, 일본 사신 진인광악[80]이 왔고, 숙미하무[81]가 왔고, 숙미선백[82]이 왔다.

---

75. 원문에 '숭린'(嵩璘, 崇璘)으로 나오고, 원사료에는 '숭린'(嵩璘, 嵩鄰)으로 나오는데, 숭린(嵩璘)이 옳은 듯하다.
76. 내상시(內常侍)는 당나라 내시성(內侍省)에 소속된 정5품하의 환관 벼슬이다.
77. 이때 내린 것은 발해국왕이 아니라 발해군왕이었다.
78. 은청광록대부(銀青光祿大夫)는 종3품의 당나라 문관 품계이다.
79. 금자광록대부(金紫光祿大夫)는 정3품의 당나라 문관 품계이다.
80. 진인광악(眞人廣岳)은 어장진인광악(御長眞人廣岳)을 이른다.
81. 숙미하무(宿彌賀茂)는 내장숙네하만(內藏宿禰賀萬)을 가리킨다. 내장숙네하무(內藏宿禰賀茂)라고도 한다. 숙미는 숙녜의 잘못이다.
82. 숙미선백(宿彌船白)은 자야숙녜선백(滋野宿禰船白)을 이른다. 자야숙녜선대(滋野宿禰船代)라고도 하는데, 일본어 발음은 동일하다.

원화 4년(809)에 왕이 사망하여 정월에 당나라에 사신을 보내 알렸다.

8. 정왕(定王)

정왕의 이름은 원유(元瑜)로서 강왕의 아들인데, 즉위하여 영덕(永德)으로 연호를 고쳤다.

원화 4년(809)에 당나라가 왕을 은청광록대부·검교비서감[83]·홀한주도독·발해국왕으로 책봉하였다. 5년(810)에 두 번 사신을 보내서 당나라에 조공하였다. 7년(812)에 왕이 사망하였다.[84]

9. 희왕(僖王)

희왕의 이름은 언의(言義)로서 정왕의 동생인데, 즉위하여 주작(朱雀)으로 연호를 고쳤다. 정왕이 사망하자 왕이 임시로 국가 업무를 맡았다. 원화 8년(813) 정월 경자일에 당나라가 내시 이중민(李重

---

83. 비서감(秘書監)은 도서에 관한 일을 맡아보던 비서성(秘書省)의 장관으로 종3품에 해당한다. 검교(檢校)는 실제 직책을 받은 것이 아니라, 단순히 그에 해당하는 품계임을 나타내는 것이다.
84. 원문에는 7년이란 연도만 나오고 나머지 내용이 누락되었는데, 이 해에 왕이 사망하여 동생이 왕위에 올랐다.

롯)을 파견해서 왕을 은청광록대부·검교비서감·홀한주도독·발해국왕으로 책봉하였다.

10. 간왕(簡王)

간왕의 이름은 명충(明忠)으로 희왕의 동생인데, 즉위하여 태시(太始)로 연호를 고쳤다. 1년간 왕으로 있다가 사망하였다.

11. 선왕(宣王)

선왕의 이름은 인수(仁秀)로 간왕의 종부[85]이고, 고왕의 동생 대야발(大野勃)의 4세손(世孫)이다. 즉위하여 건흥(建興)으로 연호를 고쳤다. 간왕이 사망하자 왕이 임시로 국가 업무를 담당하였다. 원화 13년(818) 정월 을사일에 사신을 당나라에 보내서 상(喪)을 알렸다. 5월에 당나라가 왕을 은청광록대부·검교비서감·홀한주도독·발해국왕으로 책봉하였다.

왕은 남쪽으로 신라를 평정하고, 북쪽으로 여러 부락을 경략(經略)하여 크게 영토를 넓혔다. 15년(820) 윤정월에 사신을 당나라에 보내니, 당은 왕을 금자광록대부·검교사공으로 올려주었다. 12월

---

85. 종부(從父)는 아버지의 형제인 백부 또는 숙부를 말한다.

에 사신을 보내 당나라에 조공하였다. 원화 연간(806~820)에 당나라에 열 여섯 번 조공하였다. 목종 장경 2년(822) 정월, 4년(824) 2월에 각기 사신을 보내 당나라에 조공하였다. 장경 연간(821~824)에 네 번 당나라에 조공하였다. 경종 보력 연간(825~827)에 두 번 당나라에 조공하였다. 문종 태화 원년(827)에 사신을 보내 당나라에 조공하였다. 4년(830)에 다시 사신을 보내 당나라에 조공하였다. 이해[《구당서》에는 5년(831)으로 되어 있다]에 왕이 사망하였다.

12. 왕 이진(王 彝震)

선왕의 손자이다. 아버지 신덕(新德)이 일찍 사망하여 왕위에 올라 함화(咸和)로 연호를 고쳤다.

태화 5년(831)에 당나라가 왕을 은청광록대부·검교비서감·홀한주도독·발해국왕으로 책봉하였다. 6년(832)에 사신을 보내 당나라에 조공하였다. 7년(833) 정월과 2월에 각기 사신을 보내 당나라에 조공하였다. 문종 시대가 끝날 때까지 열두 번 당나라에 조공하였다. 무종 회창 연간(841~846)에 네 번 당나라에 조공하였다.

선종 대중 12년(858)에 왕이 사망하여 2월에 당나라에 사신을 보내 알렸다.

13. 왕 건황(王 虔晃)

이진의 동생이다. 대중 12년(858) 2월 계미일에 당나라가 조서를 내려 왕위를 잇도록 하였다.

14. 왕 현석(王 玄錫)

건황의 아들이다. 의종 함통 연간(860~873)에 세 번 사신을 보내 당나라에 조공하였다.

15. 왕 인선(王 諲譔)

역사 기록에 계보가 나와 있지 않다.[86] 후량(後梁) 태조 주전충(朱全忠) 개평 원년(907)에 왕이 왕자를 보내서 후량에 조공하고 토산물을 바쳤다. 2년(908), 3년 및 건화 2년(912)에 다시 사신을 보내서 후량에 조공하였다. 후당(後唐) 장종 동광 2년(924)에 왕자를 보내서 후당에 조공하였고, 다시 왕의 조카를 보냈다. 명종 천성 원년(926)에 사신을 보내서 후당에 조공하고, 아이와 여자를 바쳤다.

---

86. 13대 왕 대현석과 마지막 왕 대인선 사이에 적어도 대위해(大瑋瑎) 왕 한 명이 더 있다. 그러나 조선 후기에는 알려져 있지 않았고, 20세기에 들어서 확인되었다.

발해는 당나라 때부터 자주 학생들을 파견하여 수도의 태학[87]에서 고금 제도를 익히게 함으로써, 해동의 번성한 왕국[海東盛國]이라 불리게 되었다. 주전충의 후량 및 후당 30년간에 빈공과[88]에 합격한 사람이 10여 명이 될 정도로 공부하는 학생들이 많고 많았다.

요 태조 야율아보기(耶律阿保機) 신책 2년(917)[89]에 발해왕이 요나라에 사신을 보냈다. 4년(919)에 요나라가 요양의 옛 성을 수리하고 발해 호구(戶口)를 잡아다가 채웠다. 천찬 3년(924)에 왕이 군대를 보내서 요나라를 공격하여, 요주자사[90] 장수실(張秀實)을 죽이고 그곳의 백성들을 빼앗아 돌아왔다.

4년(925) 12월 을해일에 요 임금이 그 나라에 조서를 내려, "이른바 두 가지 일[91] 가운데 하나를 이미 끝마쳤다. 그런데 발해는 대대로 원수이면서도 설욕을 하지 못하였으니 어찌 편안히 있을 수 있겠

---

87. 태학(太學)은 학교 이름이다. 601년에 국자학(國子學)을 폐지하고 태학만 남겼다. 당나라 때에 들어서는 문무관 5품 이상, 군·현공(郡縣公)의 자손, 종3품의 증손을 학생으로 받아들여 교육시켰다.

88. 빈공과(賓貢科)는 빈공진사과(賓貢進士科)라고도 하는 것으로, 외국인을 위한 과거시험이다.

89. 신책(神冊) 2년은 3년이 옳다.

90. 요주(遼州)는 지금의 중국 요령성 신민시(新民市) 동북쪽에 있는 요빈탑촌(遼濱塔村)에 있었다. 자사(刺史)는 주의 최고 책임자를 말한다.

91. 두 가지 일이란 하나는 거란 서쪽의 세력을 제거하는 것이고, 다른 하나는 거란 동쪽의 위협 세력인 발해를 제거하는 일이다. 여기서 이미 끝마친 것은 서방 세력의 제거를 의미한다.

는가?"고 말하였다. 드디어 군대를 동원하여 침략해 오니, 이때 황후 및 태자 야율배(耶律培)·대원수 요골(堯骨)이 함께 종군하였다.

윤12월 임진일(4일)에 요 임금이 목엽산[92]에 제사를 지내고, 임인일에 푸른 소와 흰말로 하늘과 땅에 제사를 지냈다. 기유일에 살갈산[93]에 도착하여 귀전[94]을 쏘았다. 정사일에 고령(高嶺)에 이르렀고, 이날 밤에 요나라 군사가 발해 부여부[95]를 포위하였다.

천현 원년(926) 정월 기미일에 흰 기운이 태양을 관통하였다. 경신일에 부여성이 함락되었고, 성을 지키던 장수는 전사하였다. 요나라가 따로 발해 동평부(東平府)를 공격하여 격파하였다. 병인일에 늙은 재상이 이끄는 발해 군대가 패하였다. 이날 밤에 요 태자 야율배, 대원수 야율요골,[96] 남부재상 야율소(耶律蘇), 북원이리근[97] 야율

---

92. 목엽산(木葉山)은 황하(潢河, 지금의 시라무렌강)와 토하(土河, 지금의 老哈河)가 합류하는 지점에 있는 산이다. 출병할 때에는 목엽산신에게 고하였다(《요사》 권34, 〈병제〉 참조).

93. 살갈산(撒葛山)의 위치는 확실히 알 수 없다.

94. 출정할 때에 사형수를 기둥에 매두고 출정하는 방향으로 활을 쏘아 고슴도치처럼 되게 만드는데, 이를 일러 '귀전(鬼箭)을 쏜다'고 한다(《요사》 권51, 〈군의〉 참조).

95. 부여부(扶餘府)는 지금의 중국 길림성 농안(農安) 일대에 있었다.

96. 야율요골(耶律堯骨)은 야율덕광(耶律德光, 902~947)의 거란식 이름으로, 요 태조 야율아보기의 둘째 아들이다. 태조의 뒤를 이어 왕위에 오른 태종(太宗)이다.

97. 이리근(夷離董)은 요, 금나라 때의 관직으로 처음에는 거란 군대의 수령에게 주었다. 요나라가 건국된 뒤에는 조정의 중요 부족에서 선발하여

사열적(耶律斜涅赤), 남원이리근 야율질리(耶律迭里) 등이 홀한성⁹⁸을 포위하였다. 기사일(12일)에 왕이 항복을 청하였다. 경오일에 요 임금이 홀한성 남쪽에 군대를 주둔시켰다. 신미일(14일)에 왕이 소복을 입고 새끼줄로 몸을 묶고 양(羊)을 끌고서 신하 300여 명과 함께 나와서 항복하였다. 요 임금이 이들을 예우한 뒤에 돌려보냈다. 병자일에 요 임금이 측근 신하인 강말달(康末怛) 등 13명으로 하여금 성에 들어가 병기를 수색하도록 하였는데, 발해 순라군이 이들을 살해하였다. 정축일에 발해왕이 다시 성을 수비하자 사열적 등이 공격하여 격파하고, 요 임금이 성으로 들어갔다. 왕이 그의 말 앞에서 죄를 청하였고, 요 임금은 왕과 왕족을 병사로 호위시켜서 성을 나왔다.

2월 병오일에 요나라가 발해국을 동단국⁹⁹으로 바꾸고, 홀한성을 천복성(天福城)으로 바꾸었다. 또 자신의 태자인 야율배를 인황왕(人皇王)으로 삼아 통치하도록 하였다. 을유일에 요 임금이 왕 및 왕족을 이끌고 개선하였다. 임황¹⁰⁰ 서쪽에 성을 쌓고 왕으로 하여금

임명하였는데, 거란의 핵심 부족인 질랄부(迭剌部)를 남원(南院)과 북원(北院)으로 나누어 각각 이리근 1명씩을 두었다.

98. 홀한성(忽汗城)은 발해 수도인 상경성을 이른다. 지금의 중국 흑룡강성 영안시 발해진에 성터가 남아 있다.

99. 동단국(東丹國)은 동쪽 거란국이란 의미이다.

100. 요나라의 상경에 임황부(臨潢府)를 두었으므로, 요나라의 수도를 말한다. 지금의 내몽고 소오달맹 파림좌기(巴臨左旗, 즉 林東)의 남쪽에 있는

그곳에 거주시키고, 왕에게는 오로고(烏魯古)라는 이름을, 왕후에게
는 아리지(阿里只)라는 이름을 내렸다. 오로고와 아리지는 요 태조
와 황후가 발해왕으로부터 항복을 받을 때에 탔던 두 마리의 말로
서, 그 이름을 따서 왕과 왕후에게 내린 것이다.

16. 흥료주(興遼主)

이름은 연림(延琳)으로 고왕의 7대손인데, 요나라에서 벼슬하여
동경[101] 사리군[102] 상온[103]이 되었다. 처음에, 요동지역이 신책 연간
(916~921)에 요나라 영역이 되었으나, 아직 술과 소금의 전매제도
가 없었고, 관문 시장에서의 세금[104]도 가벼웠다. 그런데 풍연휴(馮
延休), 한소훈(韓紹勳) 등이 차례로 호부사[105]가 되어 연나라 땅 평

파라성(波羅城)이 당시의 성터이다.

101. 동경(東京)은 지금의 중국 요령성 요양시에 있었으며, 발해 유민들이 강
    제 이주되어 많이 살았다.
102. 요의 북면군관에 사리군상온사(舍利軍詳穩司)가 있는데, 이곳은 거란 황
    족의 군대를 통솔하던 기관이다(《요사》권46, 〈北面軍官〉). 따라서 여기에
    는 거란 황족이 임명되었으므로, 아마 다른 군대를 잘못 언급한 것 같다.
103. 상온(詳穩)은 장군의 거란어 표기로, 요나라의 관직이다.
104. 원문은 '관시지정'(關市之征)이다. 이것은 관문 시장에서의 거래에 대한
    세금을 가리킨다.
105. 호부사(戶部使)는 요나라 동경(東京)에 설치된 동경호부사사(東京戶部使
    司)란 관청의 책임자이다(《요사》권48, 〈남면경관〉).

산[106]의 법제를 따라 속박을 하니, 백성들이 그 명령을 견디지 못하였다.

또 연나라 땅[107]이 해를 거듭하여 크게 가뭄이 들자, 부사(副使) 왕가(王嘉)의 계책을 따라서, 배를 만들어 항해를 할 줄 아는 백성들을 시켜서 조[粟]를 운반해다 연 지방을 구휼하려 하였다. 그러나 바닷길이 험난하여 많은 배가 뒤집혀 침몰하였다. 비록 백성들이 건의를 하여도 듣지 않고 채찍으로 매질을 해대니, 백성들이 원망하여 민심이 어지럽게 되었다.

요 성종 태평 9년(1029) 8월 정축일에 대연림이 한소훈과 왕가를 죽여 사람들을 기쁘게 하였다. 다시 사첩군도지휘사[108] 소파득(蕭頗得)을 죽이고, 유수[109]·부마도위[110] 소효선(蕭孝先)을 가두었다. 그

---

106. 평산(平山)은 현재의 노룡(盧龍) 일대에 설치되었던 평주(平州)를 가리키는 것으로 생각된다. 평주와 관련하여 '평산의 군대'(平山之軍)란 용어가 보여(《요사》 권29, 〈보대 4년 5월〉), 참고가 된다.

107. 연나라 땅은 지금의 북경을 중심으로 한 하북성 일대를 가리킨다.

108. 사첩군도지휘사(四捷軍都指揮使)는 요나라의 남면군관에 설치된 사첩군도지휘사사(四捷軍都指揮使司)의 책임자이다(《요사》 권48, 〈남면군관〉).

109. 유수(留守)는 황제가 순수(巡狩)나 정벌에 나설 때에 친왕(親王)이나 대신을 수도에 남겨두어 지키도록 한 것을 말한다. 요나라에서는 5경(京)에 유수사(留守司)를 두었다(《요사》 권48, 〈남면경관〉).

110. 남양공주(南陽公主)에게 장가를 들어 성종(聖宗)의 사위가 되었으므로 부마도위(駙馬都尉)가 되었다. 요나라에는 북면황족장관에 부마도위부(駙馬都尉府)가 설치되어 있었다(《요사》 권45, 〈북면황족장관〉).

런 뒤에 나라 이름을 홍료국(興遼國)이라 하고, 작위와 지위에 관한 제도를 마련하고, 연호를 천경(天慶)[《고려사》에는 천홍(天興)이라 하였다]이라 하였으며, 지혜롭고 용감한 병사를 선발하여 좌우에 두었다. 이때에 여러 부락이 향응하여 남여진과 북여진이 모두 그를 따랐으며, 고려는 요나라와 관계를 단절하였다.

이보다 앞서, 대연림이 부유수(副留守) 왕도평(王道平)과 거사를 모의하였고, 황룡부[111]에서 황편(黃翩)을 불러들였는데, 왕도평이 밤에 성을 넘어 황편과 함께 도망하여 변란을 상부에 보고하였다. 이에 요 임금이 여러 도[112]의 병사들을 징발하여 공격하였다.

발해태보[113] 하행미(夏行美)는 발해 사람으로, 이때에 군사를 이끌고 보주[114]를 지키고 있었는데, 대연림이 편지를 보내서 통수[115] 야율포고(耶律蒲古)에 대해 일을 꾀하도록 시켰다. 하지만 하행미는

---

111. 황룡부(黃龍府)는 본래 발해의 부여부 자리로서, 거란 태조가 발해를 멸망시키고 이곳에 이르러 사망하였을 때에 황룡이 나타났다고 하여 붙인 이름이다(《요사》 권38, 〈龍州 黃龍府〉). 지금의 중국 길림성 농안 일대이다.

112. 도(道)는 요나라의 지방행정구역으로. 상경도, 동경도, 중경도, 남경도, 서경도를 두었다.

113. 발해태보(渤海太保)는 요나라의 관제 가운데 발해장사(渤海帳司)란 관청에 있었던 벼슬이다(《요사》 권45, 〈북면제장관〉). 그러나 더 자세한 내용은 알 수 없다.

114. 보주(保州)는 거란이 압록강 동쪽에 설치한 행정구역으로, 지금의 평안북도 의주 및 신의주 부근으로 추정된다.

115. 통수(統帥)는 동경통군사(東京統軍使)이다.

사실대로 야율포고에게 알리고, 발해 병사 8백 명을 살해하여 그의 동쪽 길을 끊어 놓으니, 황룡부와 보주가 모두 대연림을 따르지 않게 되었다.

국구상온[116] 소필적(蕭匹敵)이 다시 병사를 이끌고 서쪽 길을 끊어놓으니, 대연림이 마침내 군대를 나누어 심주[117]를 공격하였다. 이에 절도부사(節度副使) 장걸(張傑)이 항복하겠다고 하여 급히 공격하지 않았는데, 대연림이 속은 것을 알았을 때에는 장걸이 이미 방비를 갖춘 뒤였다. 그를 뒤늦게 공격하였으나 이기지 못하고 되돌아갔다.

요나라 군대가 크게 모였다. 10월에 요나라는 남경유수(南京留守)·연왕(燕王) 소효목(蕭孝穆)을 도통(都統)으로 삼고, 소필적을 부도통으로 삼고, 해육부대왕(奚六部大王) 소포노(蕭蒲奴)를 도감(都監)으로 삼아 포수[118]에서 싸웠으나 요나라 군대가 퇴각하였다. 이에 소필적과 소포노가 좌익과 우익이 되어 공격하니 대연림의 군대가 무너졌다. 다시 수산[119]에서 싸웠으나 패주하여 성으로 들어가 군건히 지켰다. 소효목이 성 밖에 다시 성을 쌓고 망루를 세워 감시하며

---

116. 국구상온(國舅詳穩)은 요나라의 관제인 국구을실이대옹장상온사(國舅乙室已大翁帳詳穩司)에 있던 벼슬이다(《요사》 권45, 〈북면제장관〉).
117. 심주(瀋州)는 지금의 중국 요령성 심양시이다.
118. 포수(蒲水)는 지금의 중국 요령성 심양 부근에 있는 포하(蒲河)를 가리킨다.

안팎이 서로 통하지 못하게 하자 성 안에서는 집을 부수어 불을 땠다. 또 소포노가 먼저 고려와 여진의 요충지를 점거하였으므로 구원병도 없었다.

10년(1030) 8월 병오일에 대연림의 장수인 양상세(楊詳世)가 몰래 요나라에 투항할 뜻을 알리고, 밤에 성문을 열어 요나라 군사를 맞이하여 대연림이 사로잡히게 되었다. 이때에 여러 부락의 호걸과 후산[120] 등의 병사들이 들고일어났으나 얼마 뒤에 모두 패하여 궤멸되었고, 오직 남해성[121] 책임자만이 굳게 지켰으나 해를 넘긴 뒤에 항복하였다.

17. 오사성[122] 부유부[123] 염부왕(烏舍城浮渝府琰府王)

역사 기록에 이름이 나와 있지 않다. 송 태종 태평흥국 6년(981)에

---

119. 수산(手山)은 당 태종이 고구려 공격시 일시 머물렀다고 하여 붙여진 주필산(駐蹕山)을 말한다(《요사》 권38, 〈동경요양부〉). 지금의 중국 요령성 요양시 남서쪽에 있는 수산(首山)을 가리킨다.

120. 후산(吼山)은 《요사》에 딱 한 번 나오는 지명으로, 구체적인 위치는 알 수 없다.

121. 동경도 해주(海州)에 남해군(南海軍)이 있었다. 따라서 남해성(南海城)은 해주, 즉 지금의 중국 요령성 해성시(海城市)를 가리킨다(《요사》 권38, 東京道 海州).

왕에게 조서를 내려, 다음과 같이 말하였다.

"짐이 황제의 자리를 이어받아 사방천지를 모두 소유하게 되었으니, 넓고 넓은 하늘 아래 복종하지 않는 것이 없다. 하물며 태원[124]의 봉지(封地)는 국가의 요충지역인데, 근래에 그 땅을 도둑질하여 서로 승계하였고, 요나라의 지원에 의지하여 몇 대에 걸쳐 처벌을 피하였다. 그래서 짐이 지난 해[125]에 친히 정예의 군대를 이끌고 힘써 여러 장수들을 보호하면서, 병문[126]의 고립된 성을 쳐 빼앗아[127] 흉노[128]의 오른팔을 절단하였으니, 돌아보건대 이러한 조벌[129]로써 일반 백

---

122. 오사성(烏舍城)은 올야성(兀惹城)으로도 나오는데, 이 명칭은 중국 만주의 소수민족인 현재의 혁철족(赫哲族)과 연관성이 있는 것으로 여겨진다. 이 성의 위치는 정확히 알 수 없으나, 대체로 제1송화강 중부에 있었던 것으로 추정된다.

123. 부유부(浮渝府)의 원래 발음은 부투부이지만, 부여부에서 유래된 명칭이므로 부유부로 읽는 것이 옳을 것이다.

124. 태원(太原)은 지금의 중국 산서성 태원시이다. 5대 10국의 하나인 북한(北漢, 951~979)이 이곳을 수도로 삼고 있다가 송나라에 항복하였다. 이때 요나라는 북한을 지원하며 송나라와 대적하였다.

125. 북한(北漢)을 멸망시킨 것이 이 조서보다 2년 앞선 979년에 해당한다.

126. 병문(並門)은 우왕(禹王) 때에 세운 9주의 하나인 병주(幷州)를 말한다. 송 태종(太宗)이 979년에 북한을 멸망시킨 뒤에 그의 본거지인 태원을 없애고 대신 유차현(楡次縣, 지금의 산서성 유차)을 병주로 삼아 새로 성을 쌓았다.

127. 태원에 본거지를 두었던 북한을 멸망시킨 것을 가리킨다.

128. 흉노(匈奴)는 여기서 북한을 지원해주던 거란, 즉 요나라를 가리킨다.

129. 조벌(吊伐)은 조민벌죄(弔民伐罪)란 뜻으로, 해를 당한 백성을 위로하면

성들을 살려냈던 것이다. 그런데, 준동하는 저 북쪽 오랑캐[130]가 도리에 벗어나게 원한을 품고 함부로 잠식해 들어오면서 우리나라 땅을 침범하였다. 이에 지난날에 군사를 내서 응전하여 적을 목베거나 사로잡은 것이 아주 많았다.

이제 북을 치며 진군하여 적진 깊숙이 들어가, 힘들이지 않고 멀리까지 적을 몰아붙여서, 그들의 용정[131]을 불태우고 추악한 무리들을 크게 섬멸하고자 한다. 평소 너희 나라는 원수와 가까이 있어 병탄의 압박을 받으면서도 맞서기에 힘이 부족하여, 결국 그에게 복속되어 계속된 착취와 핍박[132]에 고통을 당하였다고 들었다. 영기[133]를 내세워 적을 격파할 때는 바로 이웃 나라들이 분풀이하는 날이 될 것이니, 마땅히 족장[134]을 총동원하여 우리 군대를 돕기 바란다. 적을 완전히 소탕하게 되면 관작과 재물을 푸짐히 내릴 것이며, 유주[135]와 계주[136]의 땅은 다시 중국으로 귀속시키되, 북방의 삭막[137]

서 죄인을 토벌하는 것을 의미한다.

130. 북융(北戎)은 거란을 가리킨다.

131. 용정(龍庭)은 원래 흉노의 지배자가 천지의 귀신에게 제사지내는 곳을 가리키는데, 여기서는 거란 조정을 의미한다.

132. 솔할(率割)은 상솔할박(相率割剝)으로, 상솔은 계속 이어지는 것을 의미하고, 할박은 착취를 의미한다.

133. 영기(靈旗)는 전쟁시 사용하는 깃발로 해와 달, 북두칠성, 용 등을 그려 넣었다고 한다.

134. 족장(族帳)은 북방 민족들이 모여 사는 장막, 또는 그 부족을 말한다.

밖은 서로 함께 할 것이다. 힘써 협력하라, 짐은 식언을 하지 않을 것이니."

이때에 송나라가 크게 병력을 동원하여 요나라를 치려 하였기 때문에 이런 조서를 내렸던 것이다.

살피건대, 발해 홀한성이 격파된 것은 요 태조 천현 원년(926)으로 후당 명종 천성 원년이기도 하다. 사람들은 이때에 발해가 멸망하였다고 하지만, 《요사》에는 태조가 군주의 덕을 갖추고 있어서 발해 국가를 멸망시키지 않았다고 하였다. 요 성종 통화 14년(996)에 소한가노(蕭韓家奴)가 "발해, 고려, 여진이 서로 동맹을 맺었다"고 아뢴 적도 있다.

또 21년(1003)에는 발해가 요나라에 조공하였다. 개태 연간(1012 ~1021)에는 남부재상[138] 대강예(大康乂)가 "포로모타[139] 지역에 발

---

135. 유주(幽州)는 현재의 중국 북경시 일대이다.

136. 계주(薊州)는 지금의 북경시 동남쪽에 인접해 있는 천진시 소속의 계현(薊縣)이다.

137. 삭막(朔漠)은 현재의 고비 사막을 가리킨다.

138. 남부재상(南府宰相)은 거란 핵심 부족을 남부와 북부로 나누어 맡았던 그 책임자를 말한다. 요나라 건국 후에는 상설 관직이 되어 황족이 담당하였으나, 성종 이후에 한인(漢人) 등도 등용되었다.

139. 포로모타(蒲盧毛朶)는 여진 부락으로, 배를 잘 만들었다고 한다. 소재지에 대해서는 중국 길림성 연길시 일대 등으로 추정되고 있다.

해인이 많으니 그들을 데려오길 원합니다"고 말하자 조서를 내려 허락하였다. 이리하여 대강예가 병사를 이끌고 대석하 타준성[140]에 이르러 수백 호를 빼앗아 돌아왔다. 아울러 이 무렵에 발해 황피실 군을 친히 정벌하였다.[141]

《오대사》에는 후주[142] 세종 현덕(954~959) 말년까지 발해 사신이 항상 방문하였다고 하였다. 《송사》에 실린 송기(宋琪)의 전기(傳記) 에는 변방 문제를 논하면서, "발해의 병사와 군마 및 토지가 해(奚) 부족보다도 번성한데, 비록 지금 거란을 힘써 섬기고 있다 해도 군 주를 죽이고 나라를 격파시킨 원한을 누구나 마음속에 품고 있다" 고 말하였다.

《문헌통고》에는 "야율아보기가 부여성을 공격하여 함락시키고 동단부(東丹府)로 삼았는데, 아보기가 사망하자 발해왕 대인선이 동 생에게 명령하여 군대를 이끌고 부여성을 치도록 하였지만, 이기 지 못하고 돌아왔다"[143]고 하였다. 또 천성 4년(929), 장흥 2년(931)·

---

140. 대석하(大石河) 타준성(駝準城)은 《요사》에 딱 한 번 나오는 지명이기 때 문에 위치를 알 수 없다. 혹시 길림성 돈화시의 성산자산성 옆을 흐르는 현재의 대석하와 같은 강인지 모르겠다.

141. 이 사료는 잘못 인용된 것이다. 1015년에 요 성종이 발해(실제는 고려임) 를 직접 공격할 때에 야율고욱이 황피실군(黃皮室軍)을 이끌고 참여하 였다(《요사》 권92, 〈야율고욱전〉).

142. 후주(後周, 951~960)는 5대 10국의 하나이다.

143. 《문헌통고》의 기록은 역사적 사실과 어긋나는 부분이 있어서 그대로 믿

3년·4년, 청태 2년(935)·3년에 사신을 보내서 토산물을 바쳤다고
도 하였다. 송 태종 순화 2년(991) 겨울에는 발해가 조공하지 않자
여진족에게 조서를 내려 공격하도록 시켰다. 호삼성[144]은 "발해가 다
시 5대에서 송나라에 이르렀는데, 야율씨[145]가 여러 차례 공격하였으
나 굴복시킬 수 없었다"고 하였다.

　이로 보건대, 발해는 일찍이 멸망하였던 것이 아니다. 부유부 염
부왕에 대해서 비록 성과 이름이 언급되어 있지 않으나, 태종의
조서를 보니 그가 대씨의 후예임을 알 수 있다. 그렇지만, 발해가 언
제 멸망하였는지는 알 수 없다.[146]

　기 어렵다.

144. 호삼성(胡三省, 1230~1302)은 송 및 원나라 시대의 인물로 《자치통감》
　　에 주를 달았다.
145. 야율(耶律)은 요나라 황실의 성씨로서 여기서는 요나라를 가리킨다.
146. 발해가 926년에 멸망하고, 그 뒤에 부흥운동이 금나라 초기까지 일어났
　　던 사실을 서로 혼동하였기 때문에 이런 판단을 하게 되었다.

2. 신하에 관한 고찰[臣考]

1. 대문예(大門藝), 대일하(大壹夏), 마문궤(馬文軌), 총물아(蔥勿雅)

대문예는 무왕의 동생이다. 무왕이 문예를 시켜서 흑수말갈을 공격하게 하였다. 그런데, 문예는 일찍이 당나라에 인질로 가 있었던 경험이 있어서 이해관계를 잘 알고 있었으므로, 왕에게 "흑수말갈이 당나라에 관리를 요청하였다고 해서 우리가 이를 공격하는 것은 당나라와 등지는 일입니다. 당나라는 큰 나라로서 병사가 우리보다 만 배나 되니, 그 나라와 원수지간이 되면 우리도 망할 것입니다. 옛날 고구려는 전성 시절에 병사가 30만이나 되어 당나라에 대적하였으니 아주 힘센 나라였다고 할 수 있으나, 당나라 군대가 한 번 출동하여 고구려를 완전히 쓸어 없애 버렸습니다. 지금 우리 무리가 고구려에 비해 3분의 1밖에 되지 않는 데도 왕께서 이를 거스르려 하는 것은 불가능한 일입니다"고 말하였다.

왕은 그의 말을 따르지 않고 강제로 파견하였는데, 군대가 흑수말갈의 경계에 이르자 다시 거듭 간하였다. 이에 왕이 노하여 4촌형 대일하로 하여금 대신 지휘하도록 하고, 문예를 불러들여 죽이고자 하였다. 문예가 이를 두려워하여 자기 무리를 버리고 지름길로 해서 당나라로 도망가자, 당나라 현종은 그를 우효위장군으로 삼았다.

왕은 마문궤와 총물아를 당나라로 파견하여, 편지에서 문예의 죄상을 자세히 언급하면서 그를 죽이도록 요청하였다. 당나라는 문예를 안서[1] 지방으로 보내고 나서, 좋게 보고하여 "문예가 곤궁에 빠져 우리에게 귀순하였으니 죽일 수 없다. 더구나 그를 이미 영남[2] 지방으로 보냈다"고 말하였다.

아울러 마문궤와 총물아를 그대로 머물게 하고, 따로 홍려소경[3] 이도수(李道邃)와 원복(源復)을 보내서 황제의 뜻을 알리도록 하였다. 그러나 왕이 전후 사정을 알게 되자, 글을 올려서 "큰 나라는 다른 사람에게 신의를 보여야 하는데, 어찌 속임수가 있을 수 있겠습니까? 지금 듣건대 문예가 영남 지방으로 가지 않았다고 하니, 엎드려 청컨대 전에 아뢴대로 그를 죽이십시오"라고 말하였다.

현종은 이도수와 원복이 관리들을 제대로 감독하지 못하여 기밀이 누설된 것에 화가 나서, 이도수를 조주자사(曹州刺史)로, 원복은 택주자사(澤州刺史)로 좌천시켰다. 또 문예를 잠시 영남으로 보낸 뒤에 그 사실을 발해에 알렸다. 왕이 문예에 대한 원망을 그치지 않고,

---

1. 안서(安西)는 중국 서쪽의 신강성 지역을 가리킨다.
2. 영남(嶺南)은 오령(五嶺)의 남쪽으로, 지금의 중국 남부 광서장족자치구(廣西壯族自治區), 광동성 일대를 가리킨다.
3. 홍려소경(鴻臚少卿)은 당나라 홍려시의 차관으로, 종4품상의 벼슬이었다.

몰래 사람을 보내 동도⁴에서 자객을 모집하여 천진교(天津橋) 남쪽에서 문예를 찌르도록 하였다. 그러나 문예가 이들을 물리쳐 죽지 않았다. 현종이 자객을 모두 붙잡아 죽이도록 하남⁵에 칙명을 내렸다.

2. 대야발(大野勃), 대굉림(大宏臨), 대신덕(大新德)

대야발은 고왕의 동생이고, 대굉림은 문왕의 세자이고, 대신덕은 선왕의 세자이다.

3. 임아상(任雅相),⁶ 장문휴(張文休)

임아상은 무왕의 외삼촌(또는 장인)이고, 장문휴는 무왕 때의 대장이다.

4. 대상청(大常淸), 대정한(大貞翰), 대청윤(大淸允)

정원 7년(791) 정월에 문왕이 대상청을 사신으로 보내서 당나라

---

4. 동도(東都)는 지금의 하남성 낙양시이다. 657년에 동도라 하였고, 713년에 하남부(河南府)라 하였고, 742년에 동경(東京)으로 고쳤다.
5. 하남(河南)은 지금의 하남성 낙양에 설치하였던 하남부를 가리킨다.
6. 사료에 '임아상'(任雅相), '임아'(任雅) 모두 나오나, 임아가 옳은 듯하다.

에 조공하였다. 당나라가 그에게 위위경동정[7]을 주었다. 그 뒤에 귀국하였다.

대정한, 대청윤은 모두 문왕 때의 왕자이다. 정한은 정원 7년 (791) 8월에 당나라에 조공하러 가서 숙위[8]에 참여하기를 청하였다. 청윤은 정원 10년(794) 정월에 당나라에 조공하자, 당나라는 그에게 우위장군동정(右衛將軍同正)을 내리고, 그 아래 30여 명에게는 위계에 따라 차등있게 관직을 내렸다.

5. 대능신(大能信), 여부구(茹富仇)

대능신은 강왕의 조카이고, 여부구는 관직이 우후루번장·도독[9] 이었다. 정원 14년(798)에 강왕이 이들을 사신으로 보내 당나라에

---

7. 위위경동정(衛尉卿同正)의 위위경은 당나라 궁중업무를 맡아보던 위위시(衛尉寺)의 장관이고, 동정(同正)은 명목상의 벼슬인 원외관(員外官)이면서도 실제 벼슬과 같은 녹봉을 받는 자를 의미한다.

8. 숙위(宿衛)는 원래 궁궐의 수비를 의미하는데, 특히 내부(內府)의 수비는 고관자제(高官子弟)들이 담당하였다. 주변 국가에서 온 왕족 및 고관자제들도 이러한 수비에 충당되었으니, 실제로는 인질과 같은 성격을 띠고 있었다. 당나라에 숙위를 파견한 나라는 신라, 거란 등을 위시하여 모두 23개국이나 되었다.

9. 우후루(虞侯婁)는 현재 러시아 연해주 남부에 거주하던 말갈부족인 우루부(虞婁部)를 가리키는 것 같다. 이를 볼 때 여부구는 우루부의 번장(蕃長)이면서 발해로부터 도독(都督)으로 임명받은 인물로 여겨진다.

조공하였다. 이 해 11월에는 당나라가 대능신에게 좌효위중랑장을 내리고, 여부구에게 우무위장군을 내린 뒤 귀국시켰다.

6. 대예(大叡)

장경 4년(824) 2월에 선왕이 대예 등 5명을 보내 당나라에 조공하고, 숙위에 참여하기를 청하였다.

7. 대명준(大明俊), 고보영(高寶英), 대선성(大先晟)

대명준은 대이진 때의 왕자이다. 태화 6년(832)에 왕이 대명준 등을 보내 당나라에 조공하였다. 고보영은 관직이 동중서우평장사[10]였다. 태화 7년(833) 정월에 왕이 그를 보내서 당나라에 조공하고, 앞서 내려준 책봉 명령에 감사를 표하였다. 또 이를 기화로 학생 3명을 보내서 당나라 수도에서 공부하도록 요청하고, 먼저 파견하였던 학생 3명이 이제 학업을 이루어 본국으로 돌아가길 요청하니, 당나라에서 허락하였다.

---

10. 동중서(同中書)는 당나라 중서성(中書省)에 해당하는 관청이란 뜻으로 발해의 중대성(中臺省)을 가리킨다. 따라서 중대성의 우평장사(右平章事)를 의미한다. 또는 중서는 중대의 잘못으로 보고, 중대성 우평장사에 상당하는 벼슬이란 의미로 해석할 수도 있다. 우평장사는 중대성의 차관 직책에 해당한다.

대선성도 대이진 때의 왕자이다. 이 해(833) 2월에 왕이 대선성 등 6명을 보내 당나라에 조공하였는데, 당나라 시인 온정균[11]은 '본 국으로 돌아가는 발해 왕자를 보내며'[送渤海王子歸本國]란 시에서, 이렇게 노래하였다.

"나라 비록 바다로 떨어져 있지만,

문물은 본래 한 집안.

성대한 공훈 이루어 고국으로 돌아가나,

아름다운 시구는 중국에 남아 있네.

포구(浦口)에 이르니 가을 물결 이별을 재촉하는데,

돛 펴니 새벽 노을 기폭에 걸리네.

궁중의 풍월이 아름답지만,

머리 돌리면 먼 이국의 하늘."

8. 고원고(高元固)

고원고는 민중[12] 지방에 있던 당나라 진사(進士) 서인[13]을 방문 하여, 발해 사람들이 그가 지은 〈참사검〉(斬蛇劍), 〈어구수〉(御溝水),

---

11. 온정균(溫庭筠, 812~866 또는 824~882 무렵)은 당나라 사람으로 시를 잘 지었다.
12. 민중(閩中)은 지금의 중국 복건성 복주시(福州市)이다.
13. 서인(徐寅)은 당나라 말기에서 오대 시기에 걸쳐 활동하였던 인물로서, 기록에 따라서는 서인(徐夤)으로도 나온다.

〈인생기하〉(人生幾何)의 3개 부(賦)를 금으로 써서 병풍으로 만든다는 사실을 전하였다. 서인이 기뻐하여 시를 지어 주었는데, 여기서 그를 발해빈공[14] 고원고 선배[15]라 불렀다.

그 시에서 이렇게 노래하였다.

"계수나무 가지 꺾어 언제 달에서 내려왔나,

민산(閩山)으로 나를 찾아와 글을 묻네.

즐거이 황금과 취옥(翠玉) 녹여 병풍 위에 썼다 하니,

누가 보잘 것 없는 내 시 해뜨는 동쪽으로 가져갔나.

담자(郯子)는 옛날 공자를 만났고,

유여(由余)는 전에 진나라 궁궐을 풍자했었지.

아아, 대국의 선비들, 몇 사람이나 순박한 감정 떨칠 수 있을까?"

그가 말하는 이른바 선배니 절계(折桂)니 하는 것은 이미 진사가 된 것을 지칭하는 것이다. 서인은 건녕 연간(894~898)에 진사에 급제하였고,[16] 당시에 왕심지[17]에 의탁하고 있었으므로, 고원고는 대인선 때의 사람에 해당한다.

---

14. 발해빈공(渤海賓貢)은 빈공과에 합격한 발해인이라는 뜻이다.
15. 여기서 말하는 선배(先輩)는 지금 우리가 사용하는 의미의 연장자를 의미하는 것이 아니다. 당나라 때에는 함께 과거시험에 합격한 사람을 서로 높여서 선배라 불렀다. 이 책에서는 연장자의 의미로 해석한 듯하지만, 이는 잘못이다. 참고로, 조선시대에는 동년 급제자를 연형(年兄)이라 하였다.
16. 894년에 서인과 고원고가 함께 급제하였다.

9. 대원겸(大元兼)

대인선의 조카로서 관직이 학당친위[18]였다. 후당 동광 2년(924)에 왕이 그를 보내 당에 조공하자, 당에서 시국자감승[19]의 벼슬을 주었다.

10. 고인의(高仁義), 덕주(德周), 사나루(舍那婁), 고재덕(高齋德)

고인의는 관직이 영원장군[20] · 낭장[21]이었고, 덕주는 유장군[22] · 과의도위[23]였고, 사나루는 별장[24]이었으며, 고재덕은 수령[25]이었다.

---

17. 왕심지(王審知, 862~925)는 중국 5대 시기 민국(閩國)의 건립자로 909년에서 925년까지 재위하였다.

18. 학당친위(學堂親衛)는 발해 교육기관인 주자감(胄子監)의 관직으로 추정된다.

19. 시국자감승(試國子監丞)은 당나라 중앙 교육기관인 국자감의 관료로서 종7품하에 해당하였다. 시(試)자는 해당 관직에 임명되었지만 정식으로 임명된 것은 아닐 때에 붙인다.

20. 영원장군(寧遠將軍)은 당나라 무관의 품계에 따르면 17번째 등급에 해당한다. 발해 품계에서 몇 번째에 해당하는지는 알 수 없다.

21. 낭장(郞將)은 발해 중앙군대인 10위(衛)에 속한 무관직으로, 대장군과 장군 다음에 속하였던 듯하다.

22. 당나라 무관의 품계에 따르면 19번째 등급에 유기(游騎)장군, 20번째 등급에 유격(游擊)장군이 있는데, 유장군(游將軍)은 대체로 이와 비슷한 것으로 여겨진다.

23. 당나라는 부병(府兵)제도를 시행하였는데, 전국의 도(道)에 절충부(折衝府)를 두고, 책임자인 절충도위 아래에 좌우 과의도위(果毅都尉)를 두었다. 이로 보아 발해에서도 부병제도를 시행하였던 것 같다.

무왕 때에 함께 일본에 사신으로 갔는데, 하이[26] 경내에 도착하여 고인의 이하 16명이 살해되고, 고재덕과 8인은 출우국[27]으로 도망쳐 겨우 죽음을 면하였다. 국서[28]를 바치고, 일본 사신인 인전조신 충마려와 함께 돌아왔다. 이때 일본은 채백[29] 10필,[30] 능[31] 10필, 시[32] 20필, 명주실 100구(鉤), 면[33] 200둔[34]을 바쳤다.

---

24. 별장(別將)은 당나라 부병제도인 절충부에 속하는 관직으로 좌우 과의 도위 다음에 해당한다.
25. 발해에서 지방의 토착 세력가들을 수령(首領)이라 불렀다.
26. 하이(蝦夷, 에미시)는 시대에 따라 지칭 대상이 다른데, 나라시대 이후로는 일본 동북지방의 복속되지 않은 자들을 가리켰다. 근세에는 아이누족을 가리키는 말이 되어 북해도(北海道)를 하이도(蝦夷島)라 하였다.
27. 출우국(出羽國, 데와노쿠니)은 712년에 성립한 나라로서, 지금의 일본 야마가타현(山形縣)과 아키다현(秋田縣)에 있었다.
28. 국서(國書)는 국가간의 편지로서 실제로는 왕이 상대방의 왕에게 보내는 형식으로 되어 있다.
29. 채백(彩帛)은 채색 비단을 말한다.
30. 당나라 제도를 참고하면, 포백(布帛)은 너비가 1척 8촌이고 길이가 4장(丈)인 것을 1필(疋, 匹)이라 하였다. 또 포(布) 5장(丈)을 1단(端), 면(綿) 6냥(兩)을 1둔(屯), 사(絲) 5냥(兩)을 1현(絇), 마(麻) 3근(斤)을 1려(綟)라 하였다(《通典》 권6, 〈食貨 하〉). 일본에서도 이 제도를 따른 것 같다.
31. 능(綾)은 사선(斜線)무늬가 나타나 보이도록 능직(綾織)으로 짠 견직물이다.
32. 시(絁)는 일반적으로 굵고 거친 명주실로 짠 평직 견직물을 말하나, 일본에서는 품질이 좋은 것도 생산하였다고 한다.
33. 면(綿)은 지금 목화의 솜을 의미하지만, 고대에는 누에고치에서 뽑아 아직 실이 되지 않은 풀솜을 의미한다.
34. 고대 일본은 면(綿)의 계량 단위로 근(斤)과 둔(屯)을 사용하였는데, 이

11. 서요덕(胥要德), 이진몽(己珍蒙), 이알기몽(己關棄蒙)

서요덕은 관직이 약홀주도독[35]·충무장군[36]이었고, 이진몽은 운휘장군[37]이었으며, 이알기몽은 수령이었다.

문왕 때에 함께 일본에 사신으로 갔는데, 서요덕은 배가 전복되어 이알기몽 등 40인과 함께 사망하였다. 일본 천황이 태극전[38]에 행차하여 이진몽의 활쏘기를 참관하였다. 또 중궁(中宮)에 행차하여 이진몽에게 본국의 음악을 연주하도록 하여 들었고, 미농시[39] 30필, 견(絹) 30필, 명주실 150구, 조면[40] 300둔을 발해왕에게 바쳤다.

때 근은 무게 단위이고 둔은 짐(부피)이다. 면 1둔은 1근소(斤小)에 해당한다는 견해가 있고, 또 1근소는 224그램 정도에 해당한다는 견해도 있다(關根眞隆, 《奈良朝服飾の硏究》, 吉川弘文館, 1974, 26쪽 ; 松島順正, 〈奈良時代の度, 量, 衡-正倉院の寶物より見た〉, 《正倉院寶物南倉》 付錄 正倉院の窓, 朝日新聞社, 1961, 6~8쪽 ; 이성시 지음, 김창석 옮김, 《동아시아의 왕권과 교역》, 청년사, 1999, 60~61쪽).

35. 발해를 건국한 직후에는 고구려식 제도를 따랐으니, 약홀주(若忽州)도 고구려식 지명으로 여겨진다. 그러나 소재지는 알 수 없다. 도독(都督)은 그 책임자이다.

36. 충무장군(忠武將軍)은 당나라 무관의 품계에서 10번째에 해당한다. 그러나 발해의 제도는 알려진 것이 없어서 정확히 몇 번째인지는 알 수 없다.

37. 운휘장군(雲麾將軍)은 당나라 무관의 품계에서 7번째에 해당한다. 그러나 발해에서는 몇 번째에 속하는지 알 수 없다.

38. 태극전(太極殿)은 일본 나라시대 궁궐인 평성궁(平城宮)의 정전(正殿)이다.

39. 미농시(美濃絁)는 미노노쿠니(美濃國, 현재의 기후현岐阜縣 남부)에서 나는 시(絁)이다.

40. 조면(調綿)은 고대 율령제에서 조(調)의 한 품목으로 바쳐진 누에고치

처음에 일본인 조신광성[41] 등이 당나라에 조공하고 돌아올 때에, 소주[42]에서 바다로 향하였다가 표류하여 곤륜국[43]에 도착한 뒤에 많은 사람들이 잡히거나 죽임을 당하였다. 광성과 8명이 겨우 살아 남아 당나라로 돌아갔고, 다시 등주(登州)에서 바다로 나아가 발해 영토에 도착하니, 왕이 서요덕 등을 따라 귀국하도록 조치하였다.

12. 모시몽(慕施蒙)

관위가 보국대장군[44]이었다. 문왕 때에 75명을 이끌고 일본에 사신으로 가서, 왕의 뜻에 따라 10여 년간 사신을 보내지 않은 이유를 물었다.[45] 일본 천황은 답서에서 《고구려구기》(高句麗舊記)를 인용하면서 국서[46]가 전례에 어긋난 것을 책망하였다.

풀솜이다.

41. 조신광성(朝臣廣成)은 평군조신광성(平群朝臣廣成)을 말한다. 발해 국서에는 평군조신광업(平群朝臣廣業)으로 나온다.

42. 소주(蘇州)는 지금의 중국 상해시 부근 소주시이다.

43. 고대에 중국 남해의 나라들을 막연하게 곤륜국(崑崙國, 昆崙國)이라 불렀다.

44. 보국대장군(輔國大將軍)은 당나라 무관의 품계에 따르면 두 번째 등급에 해당한다. 발해 품계에서 몇 번째에 해당하는지는 알 수 없다.

45. 구절은 실제로 "일본에서 사신을 보낸 지 10여 년이 되어 모시몽 등을 파견한다"는 내용으로 되어 있어(《속일본기》 권19, 〈천평승보 5년 5월 을축〉), 따로 그 이유를 묻기 위해 파견한 것은 아니다.

46. 실제는 이번에 국서를 가져가지 않고 구두로만 발해왕의 뜻을 전달하

13. 양승경(楊承慶), 양태사(楊泰師), 풍방례(馮方禮)

양승경은 관위가 보국대장군, 양태사는 귀덕장군[47]이었고, 풍방례는 판관[48]이었는데, 문왕 때에 함께 일본에 사신으로 갔다.

처음에 일본사신인 소야조신전수 등이 발해에 와서 당나라 소식을 묻고서, 귀국하여 일본 천황에게 다음과 같이 보고하였다.

"천보 14재(755) 을미년 11월 9일에 어사대부[49] 겸 범양절도사[50] 안녹산이 병사를 동원하여 난을 일으킨 뒤에 스스로 대연성무황제(大燕聖武皇帝)라 부르고, 범양을 영무군(靈武郡)으로 바꾸고, 자기 집을 잠룡궁(潛龍宮)이라 하였으며, 연호를 성무(聖武)라 하였습니다. 아들 안경서(安慶緒)를 남겨두어 범양군의 업무를 맡도록 하고, 자신은 스스로 정예의 기병 20여 만을 이끌고 남하하여 곧바로 낙양으로 들어가 여러 관직을 마련하였습니다. 천자는 안서절도사[51]

여 이를 책망한 것이다.

47. 귀덕장군(歸德將軍)은 당나라 무관의 품계에 따르면 9번째 등급에 해당한다. 발해 품계에서 몇 번째에 해당하는지는 알 수 없다.

48. 판관(判官)은 외국에 사신으로 갈 때의 직책 가운데 하나로서, 대사와 부사 아래에서 중요 사무를 처리하였다.

49. 어사대부(御史大夫)는 당나라 어사대(御史臺)의 장관으로 종3품의 벼슬이었다.

50. 범양절도사(范陽節度使)는 범양진(范陽鎭, 지금의 북경시 서남쪽)에 설치되었던 절도사이다. 절도사는 변방의 군사·행정을 담당하던 관직인데, 당나라 후기에는 독립세력으로 변화되었다.

51. 안서절도사(安西節度使)는 서역을 담당하던 절도사로서 구자(龜玆, 지금

가서한(哥舒翰)으로 하여금 30만 무리를 이끌고 동진관[52]을 지키게 하였고, 대장 봉상청(封常淸)으로 하여금 15만 무리를 이끌고 따로 낙양을 포위하도록 하였습니다. 천보 15재(756)에 안녹산이 장군 손효철(孫孝哲) 등으로 하여금 2만 기병을 이끌고 동진관을 공격시켰습니다. 이에 가서한이 동진관의 둔덕을 무너뜨려 황하(黃河)로 떨어지게 해서 그 통로를 끊은 뒤에 돌아왔습니다. 또 손효철은 산을 뚫어 길을 만든 뒤에 군사를 이끌고 신풍[53]에 다다랐습니다. 6월 6일에는 천자가 검남[54]으로 피신하였습니다. 7월 갑자일에 황태자 여[55]가 영무군도독부[56]에서 황제에 즉위하였고, 지덕(至德)으로 연호를 고쳤습니다."

또 안동도호[57] 왕현지(王玄志)가 발해에 사신을 보낸 사실과 천자

의 신강성 쿠처(庫車)에 관청이 있었다.

52. 동진관(潼津關)은 동관(潼關)을 가리키는 것으로, 지금의 섬서성 동관 동북쪽에 있다. 섬서성, 산서성, 하남성의 요충지이다.

53. 신풍(新豊)은 지금의 중국 섬서성 서안시(西安市) 동쪽에 있는 임동현(臨潼縣) 동북쪽에 해당한다.

54. 검남(劍南)은 당나라 지리구획인 검남도(劍南道)로서, 지금의 중국 사천성 성도(成都)에 관청이 있었다.

55. 여(璵)는 당나라 숙종(肅宗, 711~762)으로 현종의 셋째 아들이다. 738년에 황태자가 되었다가 이때에 황제가 되었다.

56. 수나라 때에 영무군(靈武郡)을 두었고, 당나라 때에는 영주라 하였다. 지금의 중국 영하(寧夏)회족자치구 영무(靈武) 서남쪽에 관청이 있었다.

57. 안동도호부(安東都護府)는 당나라 6개 도호부의 하나로서, 처음에 고구려를 멸망시키고 평양에 두었다가 점차 이동하여 743년에는 요서군고

가 발해에 칙서를 보낸 사실도 보고하였다.

일본 천황이 태재부[58]에 "안녹산이란 자는 미친 오랑캐요 교활한 놈이다. 하늘의 뜻을 어기고 반역을 일으켰으니 형세가 분명 그 자에게 불리하게 돌아갈 것이다. 혹시 서쪽을 제대로 도모하지 못하면 필시 돌아와 해동(海東)을 약탈할 것이다. 대이길비조신진비[59]는 석학으로 큰 임무를 그에게 맡기니, 마땅히 이러한 사정을 잘 알아서 미리 기묘한 계획을 세워라. 비록 그들이 오지 않는다 해도 미리 대비를 해놓으면 후회는 없을 것이다. 상책(上策)에 속하는 계획, 그리고 대비와 관련된 잡다한 일들은 일일이 모두 기록하여 보고하기 바란다"고 명령을 내렸다.

이때에 양승경 등이 일본에 도착하였는데, 일본 천황은 양승경에게 정3위, 양태사에게 종3위, 풍방례에게 종5위하를 주었고, 녹사[60] 이하 19명에게도 내려주었다. 그리고 내장기촌전성으로 하여금 양

성(遼西郡故城, 지금의 요령성 의현義縣) 동남쪽으로 옮겼다. 719년 이후에는 지금의 조양(朝陽)에 관청이 있던 평로절도사(平盧節度使)가 겸직하였다. 안동도호는 안동도호부의 최고 책임자이다.

58. 태재부(太宰府)는 일본 규슈 후쿠오카시에 있던 지방관청으로, 외교와 국방 임무를 담당하기도 하였다.

59. 대이길비조신진비(大貳吉備朝臣眞備, 693~775)는 717년에 당나라에 들어가 경전과 역사서를 열람하여 공부하고 735년에 귀국하였다. 대이는 그가 태재부의 대이 관직을 역임한 것을 의미한다.

60. 녹사(錄事)는 외국에 사신으로 갈 때의 직책 가운데 하나로서, 판관 아래에서 각종 문서와 잡무들을 처리하였다.

승경을 따라가서 일본의 입당대사(入唐大使) 조신하청[61]을 발해로부터 맞아오도록 하였다. 발해왕에게 견 40필, 미농시 30필, 명주실 200구, 면 300둔, 금[62] 4필, 양면[63] 2필, 힐라[64] 4필, 백라(白羅) 10필, 채백 40필, 백면(白綿) 100첩[65]을 바쳤다.

14. 고남신(高南申), 고흥복(高興福), 이능본(李能本), 안귀보(安貴寶)

고남신은 관직이 보국대장군 겸 장군,[66] 현도주자사[67] 겸 압아관,[68] 개국공[69]이었고, 고흥복은 부사(副使), 이능본은 판관, 안귀보는

---

61. 조신하청(朝臣河清)은 등원조신하청(藤原朝臣河清)을 말한다.
62. 금(錦)은 채색실을 이용하여 중직(重織)으로 짠 견직물이다.
63. 양면(兩面)은 양면금(兩面錦)을 가리킨다.
64. 힐라(纈羅)는 익조직(搦組織)의 견직물에 염색하여 문양을 나타낸 것을 의미한다.
65. 첩(帖)은 수량을 세는 단위이지만, 구체적인 내용은 알 수 없다.
66. 보국대장군 겸 장군(輔國大將軍兼將軍)의 보국대장군은 당나라 무관의 품계에서 두 번째 등급에 해당하는데, 발해에서는 몇 번째에 해당하는지 정확히 알 수 없다. 뒤의 장군은 문맥으로 보아 보국장군인 것 같은데, 당나라에는 이런 등급이 없다. 이 문구가 잘못 추가된 것이거나, 아니면 실제 직책으로서의 장군직을 의미하는지도 모르겠다.
67. 고구려의 현도성(玄菟城)이 발해에 편입되어 현도주(玄菟州)가 된 것으로 생각되는데, 자사(刺史)는 그 책임자이다. 지금의 중국 요령성 무순(撫順) 일대로 추정된다.

해비[70]였다.

문왕 때에 함께 일본에 사신으로 갔는데, 가지고 간 중대성첩(中臺省牒)에서 "등원하청을 맞이하러 보내는 사신이 모두 99명인데, 당나라에서는 안녹산이 난을 일으키고 이어서 사사명(史思明)이 역시 난을 일으켜 안팎이 소란하고 황폐화되었으니, 혹시 이들 사신이 피해를 당할까 염려된다. 그래서 단지 두수[71] 고원도(高元度) 등 11명만 당나라에 보내서 등원하청을 맞이하도록 하는 동시에 이 사신단을 구성하여 일본으로 파견시켰다"고 보고하였다.

고남신 등이 일본 사신 양후사영구와 함께 발해로 돌아왔다. 발해왕에게 시 30필, 미농시 30필, 명주실 200구, 면 300둔을 바쳤다. 이능본은 나중에 왕신복의 부사가 되어 다시 일본에 사신으로 갔다.

---

68. 압아관(押衙官)의 압아는 당나라에서 압아(押牙)라고도 불렸는데, 막부 직책의 하나로서 절도사 영내의 일을 담당하였다. 발해에서의 구체적인 직무는 알 수 없다.

69. 당나라 봉작(封爵)제도에 따르면, 앞에 군(郡)이나 현(縣) 이름이 나오고 그 뒤에 개국공(開國公)이란 말이 붙는다. 개국군공(開國郡公)이면 정2품, 개국현공이면 종2품에 해당한다. 발해에서도 이와 비슷하였을 것이다.

70. 해비(解臂)는 여기서 관직으로 보았다. 원사료에 "판관이능본해비응안귀보"(判官李能本解臂鷹安貴寶)로 나오는데(《속일본기》권22), 판관 직책의 이능본과 해비응 직책의 안귀보로 해석할 수 있으나, 판관 직책의 이능본·해비응·안귀보로 해석할 수도 있다. 해비응 또는 해비를 직책으로 보더라도 구체적인 내용은 알 수 없다.

71. 두수(頭首)는 일본 사신단의 대사(大使)를 의미한다.

15. 양방경(楊方慶)

문왕 때에 하정사[72]로 당나라에 조공하였다. 등원하청을 맞이하기 위해 파견된 일본 사신 고원도가 그를 따라갔다.

16. 왕신복(王新福), 양회진(楊懷珍), 달능신(達能信)

왕신복은 관직이 자수대부[73]·행정당성좌윤[74]·개국남[75]이었고, 양회진은 판관이었으며, 달능신은 주홍빛 관복을 입은 품관[76]이었다.

문왕 때에 23명을 이끌고 함께 일본에 사신으로 갔다. 왕신복은 일본 천황에게 당나라 일을 보고하여, "이씨 황실의 태상황[77]과 소

---

72. 하정사(賀正使)는 새해를 축하하기 위해 파견되는 사신이다.
73. 자수대부(紫綬大夫)는 발해 문관의 품계에 속하나 몇 품에 속하는지 알수 없다.
74. 원문의 행정당좌윤(行政堂左允)은 행정당성좌윤을 의미한다. 발해 3성의 하나인 정당성의 관직으로 좌사정(左司政)을 보좌하면서 좌육사(左六司)의 업무를 담당하였다. 앞에 행(行)이 붙은 것은 그의 품계보다 낮은 벼슬에 임명되었음을 가리킨다.
75. 개국남(開國男)은 발해의 봉작(封爵)이다. 당나라 제도에서는 개국현남(開國縣男)을 가리키는 것으로 종5품상에 해당한다.
76. 발해 제도에 따르면 4, 5질(품)의 벼슬아치가 주홍빛 관복을 입었다. 달능신의 실제 관품이 이처럼 높았을 가능성이 있지만, 관품은 낮았으나 사신으로 파견되는 동안 임시로 높여서 그러한 옷을 입게 하였을 가능성도 크다. 후자의 경우 이를 차비(借緋)라고 한다(河合ミツ,〈借緋に關する覺え書〉《續日本紀研究》1984, 232쪽). 여기서 말하는 '착비'(著緋)도 같은 뜻으로 보인다.

제[78]가 모두 사망하고 광평왕[79]이 대신하여 정사를 보고 있는데, 마침 곡식이 여물지 않아서 백성들이 서로 잡아먹고 있습니다. 사조의[80]는 따로 성무황제(聖武皇帝)라 칭하고 있는데, 성품이 인자하고 너그러워 사람들이 많이 그에게 붙었고, 또 군대의 날카로운 기세가 심히 강대하여 감히 당해낼 자가 없습니다. 등주[81]와 양양[82]이 이미 사씨에게 속하였고, 이씨는 소주[83]만 소유하고 있어서 황제를 알현하러 가는 길이 쉽게 통하지 못하고 있습니다"고 말하였다. 이번 사신 행차에는 이능본이 부사가 되었다.

17. 일만복(壹萬福), 모창록(慕昌祿)

일만복은 관위가 청수대부[84]였고, 모창록은 부사의 직책을 띠고

---

77. 태상황(太上皇)은 현종을 이른다.

78. 소제(少帝)는 숙종을 이른다.

79. 광평왕(廣平王)은 대종(代宗)을 이른다.

80. 사조의(史朝義. ?~763)는 안녹산과 함께 반란을 일으켰던 사사명(史思明. ?~761)의 맏아들로서, 761년에 아버지를 죽이고 스스로 황제가 되었으나, 나중에 패주하여 자살하였다.

81. 등주(鄧州)는 지금의 중국 하남성 등현(鄧縣)이다.

82. 양양(襄陽)은 지금의 중국 호북성 양번시(襄樊市) 교외로, 등주와 가까운 거리에 있다.

83. 소주(蘇州)는 지금의 중국 강소성 소주시이다.

84. 청수대부(靑綬大夫)는 발해 문관의 품계에 속하나 몇 품에 속하는지 알

있었다.

문왕 때에 325명이 배 17척에 나누어 타고 함께 일본에 사신으로 가서 출우국에 도착하였다. 일본 천황이 국서가 전례에 어긋난다고 하여 발해에서 보낸 물건과 함께 받지 않았다. 일만복이 다시 절하고 땅에 엎드려 울면서 "임금은 피차 동일하니, 신 등이 귀국하면 반드시 죄를 받게 될 것입니다"고 말하였다. 마침내 국서를 고쳐서 건네주고 왕을 대신하여 사과하였다.

일본 천황은 일만복에게 종3위를 주고, 왕에게 글을 보내 "지금 보내온 국서를 살펴보니, 갑자기 문투를 고쳐서 날짜 아래에 신하로서의 관품과 성명을 기록하지 않고, 국서 말미에는 헛되이 하늘의 자손이란 참람된 칭호를 늘어놓았다. 또 고씨의 시대[85]에는 전란이 끊이지 않아서 우리 조정의 위세를 빌리기 위해 고구려는 두 나라를 형과 동생의 나라라고 불렀었다. 그런데 지금 왕은 아무런 이유도 없이 장인과 사위(또는 외숙과 생질)의 나라라고 부르니, 이것은 예법에 어긋난 것이다. 나중에 파견되는 사신들은 다시는 그러지 말라"고 말하였다.

발해왕에게 미농시 30필, 견 30필, 명주실 200구, 조면 300둔을 바쳤다. 모창록은 일본에서 사망하였고, 일만복은 일본 사신 무생

수 없다.

85. 원문은 '고씨지세'(高氏之世)로 고구려를 의미한다.

조수(武生鳥守)와 함께 돌아왔는데, 도중에 폭풍을 만나 표류하다가 능등국[86]에 도착하여 발해와 일본 사신이 겨우 죽음을 면하였다.

일본에서 발해에 보낸 배의 이름이 능등(能登)이었는데,[87] 귀국할 때에 풍랑을 만나 배의 신에게 빌었던 것이 효험이 있었으므로, 배에 종5위하를 수여하고 비단으로 만든 관을 하사하였다. 그 관은 겉감을 금(錦)으로 만들고 안감을 시(絁)로 만들었으며, 관 끈을 자주색 실로 만들었다.

18. 오수불(烏須弗)

문왕 때에 일본에 사신으로 가서 능등국에 도착하자, 일본 관청에서 그들이 온 이유를 물었다. 오수불이 글로 답하기를 "발해와 일본은 오래 전부터 좋은 이웃으로서 마치 형과 동생처럼 서로 왕래하며 방문하였다. 근년에 일본의 내웅(內雄) 등이 발해국에 거주하며 음악을 배운 뒤에 본국으로 돌아간 지 10년이 지났는데 아직 안부를 알려오지 않았다. 이런 까닭으로 대사 일만복 등을 일본국에

---

86. 능등국(能登國, 노토노쿠니)은 지금의 일본 이시카와현(石川縣) 북부에 있었던 나라이다.
87. 일본 배 능등호(能登號, 노토고) 사건은 왕신복이 파견되었던 762년~763년 사이에 일어난 것으로, 일만복이 파견되었던 771년~772년의 일과는 무관하므로, 이 책에 잘못 정리되어 있다.

파견하여 조정에 나아가도록 하였지만 4년이 되도록 아직 본국으로 돌아오지 않았다. 다시 대사 오수불 등 40명을 파견하여 천황의 명령을 면전에서 받들고자 하며, 따로 다른 일은 없다. 보내는 물건과 편지는 모두 배 안에 있다"고 하였다.

태정관[88]에서는 보내온 국서가 전례에 어긋난다고 하여 받지 않았다. 또 "발해사신이 이 길을 통하여 왔는데, 이 길은 전에 금지한 적이 있으니, 지금부터는 과거의 예에 따라 축자도[89]를 통하여 오도록 하라"고 말하였다.

19. 사도몽(史都蒙), 고녹사(高祿思), 고울림(高鬱琳),

　　　고숙원(高淑源), 사도선(史道仙), 고규선(高珪宣)

사도몽은 관직이 헌가대부[90]·사빈소령[91]·개국남이었고, 고녹사는 대판관,[92] 고울림은 소판관, 고숙원은 판관이었으며, 사도선은 대

88.　태정관(太政官)은 일본 고대 행정의 최고기관이다.

89.　축자도(筑紫道)의 축자(츠쿠시)는 일본 규슈지방을 일컫는데, 여기서는 후쿠오카에 있던 태재부로 가서 일을 보라는 뜻이다.

90.　헌가대부(獻可大夫)는 발해 문관의 품계에 해당하지만 구체적인 등급은 알 수 없다.

91.　사빈소령(司賓少令)은 외국과 관련된 업무를 관장하던 사빈시(司賓寺)의 관직으로, 차관급으로 추정된다.

92.　사신단에 판관이 다수일 경우에는 대판관, 소판관 등으로 나누었다.

녹사,[93] 고규선은 소녹사였다.

문왕 때에 187명을 이끌고 함께 일본에 사신으로 가서 왕비의 상(喪)을 알리고, 아울러 일본 천황의 즉위를 축하하고자 하였다. 그런데 도중에 폭풍을 만나 표류하다가 겨우 46명만 살아남고, 고숙원 및 소녹사 한 명도 역시 사망하였다.

일본인은 "오수불이 귀국할 때에 태정관에서 처분하기를, 발해 사신은 옛날의 예에 따라 태재부로 향하도록 하고 이 길을 통해서는 오지 말라고 하였는데, 지금 약속을 어겼으니 무슨 이유에서인가?"라고 물었다. 사도몽 등이 대답하여 "진실로 그 뜻을 받들고자 도몽 등이 우리나라의 남해부 토호포[94]를 출발하여 서쪽으로 대마도의 죽실진(竹室津)을 향하여 항해하였다. 그러나 바다에서 폭풍을 만나 금지된 이 지역에 도착하게 되었다. 그래도 약속을 어긴 죄는 다시 피할 길이 없다"고 하였다.

또 일본은 일행 가운데 16명을 따로 해안에 남겨두고자 하였다. 사도몽이 "이것은 마치 몸 하나를 나누어 따로 따로 분리하는 것과 같은 것이요, 팔과 다리를 잃고 땅바닥을 기는 것과 같다"고 말하자, 일본은 그의 요청을 받아들여 모두 함께 수도에 들어오도록 하

---

93. 사신단에 녹사가 다수일 경우에는 대녹사, 중녹사, 소녹사 등으로 나누었다.
94. 발해의 남경남해부는 지금의 함경남도 북청군 청해토성(북청토성)에 있었고, 토호포(吐號浦)는 남대천이 바다와 만나는 신창 항구로 여겨진다.

였다. 일본 천황이 중합문(重閤門)에 행차하여 말타고 활쏘기 하는 것을 참관하였는데, 사도몽도 동행하였다.

일본 사신 고려조신전계와 함께 귀국하였다. 발해왕에게 견 50 필, 시 50필, 명주실 200구, 면 300둔을 바쳤는데, 사도몽 등이 더 요청하자 다시 황금 소100냥, 수은 대100냥, 금칠(金漆) 1부,[95] 칠 1 부, 동백[96] 기름 1부, 수정 염주 4꾸러미, 빈랑선[97] 10매를 바치고, 왕후 상례의 조위품으로 견 20필, 시 20필, 면 200둔을 부조하였다.

20. 장선수(張仙壽)

관직이 헌가대부·사빈소령이었는데, 문왕 때에 일본에 사신으로 가서 왕의 명령을 받들어 "고려조신전계 등이 뱃길을 잃고 표류하다가 멀리 오랑캐의 땅에 도착하였는데, 배가 파손되어 배 두 척을 만들어 귀국시켰다"고 전하였다.

일본 천황이 내사[98]에 참여하였고, 장선수도 동행하였다.

---

95. 부(缶)는 용량의 단위로서 16말[斗] 또는 32말을 가리킨다. 여기서는 얼마를 가리키는지 알 수 없다.
96. 해석류(海石榴)는 동백나무를 가리킨다.
97. 빈랑선(檳榔扇)은 야자나무과에 속하는 빈랑나무로 만든 부채이다.
98. 내사(內射)는 궁중에서 행하던 활쏘기 공식 행사이다.

21. 고반죽(高伴粥), 고열창(高說昌)

고반죽은 압령[99]이었고, 고열창은 통사[100]였다.

문왕 때에 함께 일본에 사신으로 갔는데, 일본에서는 국서가 전례에 어긋난다고 하여 받지 않고, 또 축자도를 경유하지 않았다고 하여 책망하였다. 철리부[101]의 관료가 고열창의 위에 앉기를 다투니, 태정관이 이들의 지위를 서로 다르게 만들었다.

고반죽의 배가 파손되었으므로 일본에서 9척을 주어 귀국시켰다.

22. 여정림(呂定琳)

관직이 광간대부[102]·공부낭중[103]이었다.

강왕 때에 68명을 이끌고 일본에 사신으로 갔다가 표류하여 오랑캐의 땅인 지리파촌(志理波村)에 도착하였으나, 오랑캐의 습격을 당하여 사람들 다수가 흩어지고 죽었다. 출우국에서 상황을 보고하니,

---

99. 압령(押領)의 구체적인 직무는 알 수 없다.

100. 당나라 중서성의 관직에 통사사인(通事舍人)이 있는데, 조정에서 일을 맡는 외에 외부로 파견되어 군대를 위로하거나 개선하는 군사를 교외에서 맞이하는 일 등을 맡았다. 발해의 통사(通事)도 이와 비슷한 업무를 담당하였던 듯하다.

101. 철리부(鐵利府)는 말갈족의 한 부족인 철리말갈 땅에 둔 발해의 행정구역이다. 제1송화강 서부에 설치하였다.

102. 광간대부(匡諫大夫)는 발해 문관의 품계이나 구체적인 내용은 알 수 없다.

일본 천황은 이들을 월후국[104]에 안주시키고 필요한 물건을 공급하도록 조치하였다.

여정림은 당나라에서 공부를 하고 있던 일본 승려 영충(永忠)의 편지를 일본 천황에게 바쳤고, 일본 천황은 답장을 건네주었다.

23. 대창태(大昌泰)

관직이 위군대장군[105][위군(慰軍)은 위군(衛軍)인 것 같다]·좌웅위도장[106]·상주국[107]·개국자[108]였다.

강왕 때에 일본에 사신으로 갔다. 일본 천황이 태극전에 행차하여 이들을 접견하였는데, 네 번 절하는 것을 줄여서 두 번 절하고 박수는 치지 않도록 하였다. 또 채백(彩帛)으로 꾸며진 임시 궁전을 지

---

103. 발해는 당나라의 공부(工部)에 해당하는 관청을 신부(信部)라 하였는데, 때로는 공부라고도 한 듯하다. 신부 아래에는 다시 신부와 수부(水部)의 두 개 관청이 있었는데, 이들의 책임자가 낭중(郞中)이었다.

104. 월후국(越後國, 에치고노쿠니)은 지금의 일본 니가타현(新潟縣)에 있었던 나라이다.

105. 위군대장군(慰軍大將軍)은 발해 무관의 품계나 구체적인 내용은 알 수 없다.

106. 좌웅위도장(左熊衛都將)의 좌웅위는 발해의 중앙군대인 10위의 하나이다. 도장은 이곳에 속하였던 관직이나 구체적인 내용은 알 수 없다.

107. 당나라 훈관(勳官)제도에 따르면 상주국(上柱國)은 제일 상층에 속하는 것으로 정2품에 비긴다고 한다. 발해에서도 이와 비슷하였을 것이다.

어 이들을 대접하였다.

발해 사신의 배가 대부분 능등국에 도착하자, 일본에서는 그들이 묵을 곳을 수리하고 꾸몄다.

24. 고남용(高南容), 고다불(高多佛)

− 이하 7명은 어느 왕 때인지 모르겠다

고남용은 두 번 일본에 사신으로 갔는데, 그 나라에서는 홍려관(鴻臚館)에서 잔치를 베풀거나 조집원(朝集院)에서 잔치를 베풀어주었다. 일본 사신 숙미동인[109]과 함께 귀국하였는데, 그는 발해 국서의 내용이 관례를 따르지 않았다고 하여 버리고 돌아갔다.

고다불은 수령으로서 고남용을 따라 갔는데, 일행을 이탈하여 월전국[110]에 머물렀다. 일본은 그를 월중국[111]에 안주시키고 먹을 것을 주면서, 말을 배우는 학생들로 하여금 그에게서 발해어를 배우도록 하였다.

---

108. 개국자(開國子)는 당나라의 봉작인 개국현자(開國縣子)에 비길 만한 것이나, 구체적인 내용은 알 수 없다.
109. 숙미동인(宿彌東人)은 임숙네동인(林宿禰東人)을 이른다.
110. 월전국(越前國, 에치젠노쿠니)은 지금의 일본 후쿠이현(福井縣) 북부에 있었던 나라이다.
111. 월중국(越中國, 엣츄노쿠니)은 현재의 일본 도야마현(富山縣)에 있었던 나라이다.

25. 왕효렴(王孝廉), 고경수(高景秀), 고영선(高英善), 왕승기(王昇基)

왕효렴은 대사였고, 고경수는 부사, 고영선과 왕승기는 판관으로 함께 일본에 사신으로 갔다.

일본 천황은 왕효렴에게 종3위를 주었고, 고경수에게는 정4위하, 고영선과 왕승기에게는 정5위하를 주었으며, 녹사 이하에게는 녹[112]을 하사하였다.

당나라 월주[113] 사람 주광한(周光翰)과 언승칙(言升則) 등이 일본에서 사신을 따라 발해로 왔다.

26. 왕문구(王文矩)

일본에 사신으로 갔다. 일본 천황이 풍락전(豊樂殿)에 행차하여 5위 이상에게 잔치를 베풀었는데, 왕문구가 격구[114] 경기를 해 보였고 일본 천황이 면 200둔을 하사하였다.

---

112. 녹(祿)은 일본 고대의 율령제도 아래에서 관료에게 지급하던 급여를 의미한다. 급여에는 토지, 봉호(封戶), 현물의 세 가지가 있는데, 일반적으로 녹이라 부를 때에는 시(絁), 면(綿), 명주실[絲], 포(布) 등의 현물을 의미한다.

113. 월주(越州)는 지금의 중국 절강성 소흥시(紹興市)로 상해 남쪽에 자리잡고 있다.

114. 격구(擊毬)는 격국(擊鞠), 타구(打毬), 마구(馬球), 파라구(波羅球)라고도 하는 것으로서, 말을 타고 막대기로 공을 쳐서 상대방 골문에 넣는 놀이이다.

27. 위균(衛鈞)

관직이 철주자사[115]였다. 요나라 천현 원년(926) 정월에 홀한성이 격파되었는데, 7월에 위균이 철주성을 지키자 요나라 대원수 요골이 군대를 이끌고 공격해 와서 을축일에 성이 함락되었다.

28. 대소현(大素賢)

관직이 사도[116]였다. 홀한성이 격파되자 대소현은 요나라에 항복하였고, 요나라는 그를 동단국 좌차상(左次相)으로 임명하였다. 태종 회동 3년(940)에 동경재상(東京宰相) 야율우지(耶律羽之)는 그가 탐욕스럽다고 하여 쫓아냈다.

29. 고모한(高模翰)

일명 고송(高松)이라고도 하였다. 힘이 셌고 말타기와 활쏘기를 잘 하였으며, 병서에 대해서 이야기하기를 좋아하였는데, 홀한성이

---

115. 철주자사(鐵州刺史)의 철주는 발해 중경현덕부에 속했던 행정구역으로서, 철이 생산되는 함경북도 무산 일대로 추정되기도 한다. 자사는 주의 책임자이다.
116. 사도(司徒)는 최고위 관직으로 정1품에 해당하는 3공(三公)의 하나이다. 왕을 보좌하는 명예직이었다.

격파되자 고려로 피신하였다. 고려왕이 딸을 그에게 시집보냈지만, 죄를 지어 다시 요나라로 도망하였다. 여러 차례 전공을 세워 관직이 중대성(中臺省) 좌상(左相)에까지 올랐고, 철군개국공(惢郡開國公)에 봉해졌다. 《요사》에 그의 전기가 있다.

30. 대인선의 신하로 이름을 알 수 없는 사람들

요나라 천현 원년(926) 정월 경신일에 부여성이 함락되었을 때에 이곳을 지키던 장수가 전사하였다.

요나라 천현 원년 정월 병인일에 왕이 늙은 재상을 시켜 군사 3만 명을 이끌고 요나라를 방어하게 하였다. 요나라의 선봉군이었던 척은[117] 안단(安端)과 북부재상(北部宰相) 소아고지(蕭阿古只)가 1만 기병을 이끌고 왔다. 늙은 재상은 그들과 싸워 패하여 요나라에 항복하였고, 요나라는 그를 동단국 우대상(右大相)에 임명하였다.

요나라 천현 원년 2월 경인일에 안변부, 막힐부, 남해부, 정리부의 네 절도사가 모두 요나라에 항복하였다.

요나라 천현 원년 3월에 안변부, 막힐부, 정리부가 다시 성을 고수하자 요나라 척은 안단이 군대를 이끌고 와서 공격하였다. 정축일에

---

117. 척은(惕隱)은 요나라의 관직인데, 야율아보기가 908년에 처음 설치하여 자기 족속(族屬)과 관련된 업무를 관장하도록 하였다.

3부가 모두 패했고, 임오일에 안변부 장수 두 명을 처형하였다.

요나라 천현 원년 5월에 남해부, 정리부가 다시 성을 고수하자, 요나라 대원수 요골이 군대를 이끌고 와서 공격하였다. 6월 정유일에 2부가 모두 패하였다.

장령부는 홀한성이 처음 격파되었을 때에도 함락되지 않았다. 요나라 천현 원년 3월 무오일에 요나라 이리필[118] 강묵기(康黙記)와 좌복야[119] 한연휘(韓延徽)가 군대를 이끌고 공격하였다. 7월 신사일에 요나라 임금이 사망하여 황후 술률씨(述律氏)가 군대 및 국가 업무를 처리하였다. 8월 신묘일에 성이 함락되었다.

홀한성이 격파된 뒤에 이미 항복한 군·현이 다시 성을 고수하고 여러 부락이 들고일어나자, 요나라 소아고지와 강묵기가 이들을 토벌하였다. 유격(遊擊) 기병 7천이 압록부에서 왔는데 그들의 위세가 대단하였다. 그렇지만, 소아고지가 한 번 싸워서 이기고 2천여 명의 목을 벴으며, 진군하여 회발성[120]을 격파하였다.

---

118. 이리필(夷离畢)은 원사료에 이리필(夷離畢)로 나오는데, 920년에 처음 설치한 요나라의 관직으로 형벌과 감옥을 담당하였다.
119. 좌복야(左僕射)는 요나라 남면조관(南面朝官)에 속하는 관직이지만, 구체적인 업무 내용은 불명이다.
120. 회발성(回跋城)은 휘발성(輝發城)으로 길림성 휘발하 유역에 있던 성이다. 장령부의 소재지였을 가능성이 있다.

31. 신덕(申德)

관직이 장군이었다. 고려 태조 8년(925) 9월 병신일에 휘하의 500
명과 함께 고려로 도망하였다. 이 해에 요나라가 발해를 공격하여
이듬해에 홀한성이 격파되었다.

32. 대화균(大和鈞), 대균로(大均老), 대원균(大元鈞),
대복모(大福謨), 대심리(大審理)

대화균과 대균로는 관직이 예부경(禮部卿)이었고, 대원균은 사정
(司政), 대복모는 공부경(工部卿), 대심리는 좌우위장군(左右衛將軍)
이었다. 고려 태조 8년(925) 9월 경자일에 백성 100호를 이끌고 고
려로 도망하였다.

33. 모두간(冒豆干), 박어(朴漁)

모두간은 관직이 좌수위소장[121]이었고, 박어는 검교개국남(檢校開
國男)이었다. 고려 태조 8년(925) 12월 무자일에 백성 100호를 이끌
고 고려로 도망하였다.

---

121. 좌수위소장(左首衛小將)의 좌수위는 발해 10위 가운데에 없다. 발해 관제
　　가 말기에 변동이 있었는지, 아니면 좌웅위(左熊衛)나 좌비위(左羆衛) 따
　　위를 잘못 쓴 것인지 모르겠다. 소장은 장군 아래의 직책으로 추정된다.

34. 오흥(吳興), 승려 재웅(載雄)

오흥은 공부경(工部卿)이었다. 고려 태조 10년(927) 3월 갑인일에 휘하의 50명과 함께 고려로 도망하였다.

재웅도 역시 그의 무리 60명과 함께 오흥을 따라 고려로 도망하였다.

35. 김신(金神)

고려 태조 11년(928) 3월 무신일에 60호를 이끌고 고려로 도망하였다.

36. 대유범(大儒範)

고려 태조 11년(928) 7월 신해일에 백성들을 이끌고 고려로 도망하였다.

37. 은계종(隱繼宗)

고려 태조 11년(928) 9월 정유일에 휘하 사람들과 함께 고려로 도망하였다. 태조가 천덕전(天德殿)에서 접견할 때에 은계종 등이 세 번 절하니 사람들이 예법을 어겼다고 말하였다. 그러나 대상(大相) 송함홍[122]이 "나라를 잃은 사람은 세 번 절하는 것이 옛날의 예법이다"고 해 명하였다.

38. 홍견(洪見)

고려 태조 12년(929) 6월 경신일에 배 20척에 사람과 물건을 신고 고려로 도망하였다.

39. 대광현(大光顯)

– 대광현의 아들은 대도수(大道秀)인데, 현종 때에 대장이 되었다. 후손 대금취(大金就)는 고종 때에 대장이 되어 몽고를 정벌하는 데에 공을 세워 영순군(永順君)에 봉해짐으로써, 마침내 영순 태씨가 되었다. 대(大)가 태(太)로 된 것이 언제인지는 모르겠다.

대인선의 세자이다. 고려 태조 17년(934) 7월에 무리 수만 명을 이끌고 고려로 도망하였다. 태조가 왕계(王繼)란 성명을 내려주고 왕실 호적에 붙여주었으며, 특별히 원보[123]를 주고 백주[124]를 지키게 하여 제사를 받들도록 하였다. 또 그에 딸린 관리들에게 작위를

---

122. 함홍(含弘)은 원래 궁예의 신하였다가 왕건에 귀의하여 재상이 된 송함홍(宋含弘)을 말한다.
123. 원보(元甫)는 고려 초기의 관계(官階)로서 4품에 해당한다.

주고, 병사들에게는 밭과 집을 차등있게 하사하였다.

그 후 요나라가 사신을 보내 고려 태조에게 낙타 50필을 보냈다. 태조는 거란이 일찍이 발해와 연결하여 화친을 맺었다가 홀연히 의심하여 배반함으로써, 과거의 동맹을 돌아보지 않고 하루아침에 멸망시켜버리니, 이렇게 심히 인륜에 어긋나는 나라와 멀리까지 이웃을 맺을 필요가 없다고 하였다. 이리하여 외교를 단절하고 사신 30명은 바닷섬에 유배시켰으며, 낙타는 만부교(萬夫橋) 아래에 매놓아 모두 굶겨 죽였다.

40. 진림(陳林)[125]

고려 태조 17년(934) 12월에 휘하 160명과 함께 고려로 도망하였다.

41. 박승(朴昇)

고려 태조 21년(938)에 3천여 호를 이끌고 고려로 도망하였다.

---

124. 백주(白州)는 지금의 황해도 배천[白川]이다.
125. 926년 4월 후당(後唐)에 조공하였던 발해 사신 대진림(大陳林)과 동일 인물일 가능성이 높다.

42. 최오사(崔烏斯)[126]

- 《문헌통고》에는 오사라(烏斯羅)라 하였다.

후주 세종 현덕 초년[127]에 최오사가 휘하 30명과 함께 후주로 귀순하였으니, 대체로 발해 추장일 것이다.

43. 대난하(大鸞河), 이훈(李勛)

송나라 태종 태평흥국 4년(979)에 진양[128]을 평정하고 유주[129]로 군대를 이동하였는데,[130] 대난하가 소교[131] 이훈 등 16명과 그 휘하의 300기병을 이끌고 투항하자 태종이 그를 발해도지휘사(渤海都指揮使)로 삼았다.

9년(984) 봄에 태종이 대명전(大明殿)에서 잔치를 열 때에 대난하를 불러서 오랫동안 위로하고 격려하였다. 아울러 전전도교(殿前都校) 유연한(劉延翰)에게, "대난하는 발해의 강력한 수령으로서 자신

---

126. 최오사(崔烏斯)는 원사료에 최오사다(崔烏斯多)로 나온다.

127. 초년(初年)은 실제 원년(954) 7월이다《五代會要》권30, 〈발해〉).

128. 진양(晉陽)은 지금의 산서성 태원시(太原市) 남서쪽에 있었다. 태원은 북한(北漢) 정권의 중심지였다.

129. 유주(幽州)는 현재의 북경 일대로서 당시에 요나라의 땅이었다.

130. 태원에 거점을 두고 있었던 북한 정권을 멸망시키고, 다시 요나라를 공격한 사실을 가리킨다.

131. 소교(小校)는 하위 무관(武官)을 가리킨다.

의 몸을 스스로 묶어 내게 귀순하였으니 그의 충성스러움과 온순함을 가상히 여긴다. 무릇 오랑캐 부락의 습속은 말 타고 빨리 달리는 것을 즐거움으로 삼으니, 가을이 무르익었을 때에 좋은 시기를 택하여 준마 수십 필과 함께 교외에 나가 사냥놀이를 하도록 시켜서 그들의 본성을 유지하도록 하라"고 지시하였다. 이로 인해 돈 꾸러미 10만과 술을 내려 주었다.

3. 지리에 관한 고찰[地理考][1]

1.《신당서》에 기록된 발해 지리

5경

상경(上京)	용천부(龍泉府)
중경(中京)	현덕부(顯德府)
동경(東京)	용원부(龍原府)
남경(南京)	남해부(南海府)
서경(西京)	압록부(鴨淥府)

15부

용천부(龍泉府)	숙신족이 살던 곳이다.
현덕부(顯德府)	숙신족이 살던 곳으로, 용천부 남쪽에 있다.
용원부(龍原府)	예맥족이 살던 곳으로, 책성부(柵城府)라고도

---

1. 이 장에서는 이해를 돕기 위하여 〈지리고〉 원문에 없는 세부 목차들을
    달아 놓았다.

부르며, 일본으로 가는 길이다.

남해부(南海府) 옥저 땅이었던 곳으로, 신라로 가는 길이다.

압록부(鴨淥府) 고구려 땅이었던 곳으로, 당나라에 조공하는 길이다.

장령부(長嶺府) 고구려 땅이었던 곳으로, 당나라 영주(營州)로 가는 길이다.

부여부(扶餘府) 부여 땅이었던 곳으로, 거란으로 가는 길이다.

막힐부(鄚頡府) 부여 땅이었던 곳이다.

정리부(定理府) 읍루 땅이었던 곳이다.

안변부(安邊府) 읍루 땅이었던 곳이다.

솔빈부(率賓府) 솔빈부[2]가 있던 곳이다.

동평부(東平府) 불녈부[3]가 있던 곳이다.

철리부(鐵利府) 철리부[4]가 있던 곳이다.

회원부(懷遠府) 월희부[5]가 있던 곳이다.

---

2. 솔빈부(率賓部)는 말갈의 한 부락이다. 중국 흑룡강성에서 발원하여 러시아 연해주로 흐르는 수분하(綏芬河)의 명칭도 여기서 유래하였다.

3. 불녈부(拂涅部)는 말갈 7부락의 하나에 속한다. 그 위치에 대해서는 여러 설이 있지만, 대체로 지금의 연해주 북부에 있었던 것으로 추정된다.

4. 철리부(鐵利部)는 말갈의 한 부락으로, 제1송화강 서부에 거주하였던 것으로 추정된다.

5. 월희부(越喜部)는 말갈의 한 부락으로, 흥개호 북쪽에 거주하였던 것으로 추정된다.

안원부(安遠府)   월희부가 있던 곳이다.

62주

용천부 3주   용주(龍州), 호주(湖州), 발주(渤州)

현덕부 6주   노주(盧州), 현주(顯州), 철주(鐵州), 탕주(湯州),

영주(榮州), 흥주(興州)

용원부 4주   경주(慶州), 염주(鹽州), 목주(穆州), 하주(賀州)

남해부 3주   옥주(沃州), 정주(睛州), 초주(椒州)

압록부 4주   신주(神州), 환주(桓州), 풍주(豊州), 정주(正州)

장령부 2주   하주(瑕州), 하주(河州)

부여부 2주   부주(扶州), 선주(仙州)

막힐부 2주   막주(鄚州), 고주(高州)

정리부 2주   정주(定州), 반주(潘州)

안변부 2주   안주(安州), 경주(瓊州)

솔빈부 3주   화주(華州), 익주(益州), 건주(建州)

동평부 5주   이주(伊州), 몽주(蒙州), 타주(沱州), 흑주(黑州),

비주(比州)

철리부 6주   광주(廣州), 분주(汾州), 포주(蒲州), 해주(海州), 의주(義

州), 귀주(歸州)

회원부 9주   달주(達州), 월주(越州), 회주(懷州), 기주(紀州), 부주

(富州), 미주(美州), 복주(福州), 사주(邪州), 지주(芝州)

안원부 4주   영주(寧州), 미주(郿州), 모주(慕州), 상주(常州)

3독주주   영주(郢州), 동주(銅州), 속주(涑州)

이상은 《신당서》에 기록된 것인데, 62주라 해놓고 단지 60주만
열거되어 있다. 또 《청일통지》에 곽주(郭州)가 있지만 여기에는 실
려 있지 않으니, 당나라 역사서에 누락된 것이 있음을 알 수 있다.
발해 5경제도를 보면, 상경 용천부는 지금의 영고탑[6]이고, 중경 현
덕부는 지금의 길림[7]이고, 동경 용원부는 지금의 봉황성[8]이고, 남
경 남해부는 지금의 해성현[9]이며, 서경 압록부는 지금 알 수 없지만
압록강 근처에 있었을 것이다.[10] 그렇다면 용원부를 동경으로 삼고,
압록부를 서경으로 삼았다는 말은 의심스럽다. 봉황성 서쪽에 또
압록강이 있었다는 말이 되니, 요양에도 패수가 있다는 말과 같은

---

6. 영고탑(寧古塔)은 지금의 중국 흑룡강성 영안시(寧安市)이다. 실제로 발
    해 상경은 영안시 남쪽의 발해진(渤海鎭)에 있었다.
7. 길림(吉林)은 지금의 중국 길림성 길림시 인근에 있는 영길현(永吉縣)
    이다. 이와 달리, 발해 중경은 길림성 화룡시 서고성(西古城)에 있었다.
8. 봉황성(鳳凰城)은 지금의 중국 요령성 봉성시(鳳城市)이다. 이와 달리,
    발해 동경은 길림성 훈춘시 팔련성(八連城)에 있었다.
9. 해성현(海城縣)은 지금의 중국 요령성 해성시이다. 이와 달리, 발해 남경
    은 함경남도 북청군 청해토성에 있었다.
10. 4권본 《발해고》에서는 상경을 영고탑, 중경을 길림, 동경을 경성, 남경
    을 함흥, 서경을 강계 동북 200리의 압록강 건너편으로 비정하여 이 책
    보다는 역사적 사실에 더 접근하고 있다.

것이로다.[11]

조공하는 길을 압록부에 둔 것은 바닷길로 당나라와 통하였기 때문이다.《일본일사》를 살펴보니, 등주와 양양이 당나라 조정으로 들어가는 길이라 하였으므로 정말 그러하다. 남해부를 신라로 가는 길로 삼은 것도 역시 바닷길로 신라와 통하였기 때문이다.《문헌통고》와《청일통지》에는 압록부를 조선으로 가는 길이라 하였는데, 이때는 조선이 없었으므로 마땅히《신당서》기록에 따라야 할 것이다.

2.《요사》에 기록된 발해 지리

〈부, 주〉

현덕부   본래 고조선의 땅으로서 평양성이다.[12] 주 무왕이
　　　　　　 이곳에 기자(箕子)를 봉하였고, 한나라 말기에는 공
　　　　　　 손탁(公孫度)이 점거하였고, 진(晉)나라 때에는 고
　　　　　　 구려에 함락되었다.
　　　　　　 당나라는 이곳에 안동도호부를 두었고, 발해 대씨
　　　　　　 의 소유가 되어 중종이 홀한주(忽汗州)란 명칭을

---

11. 《요사》에서 요양에도 패수가 있는 것처럼 서술되어 있으니, 이에 대한
　　 문제점 지적은 뒤에 다시 나타난다.
12. 현덕부를 평양성으로 비정한 것은 《요사》의 오류이다. 이처럼 《요사》
　　 〈지리지〉에는 발해 지리에 대한 기록에 오류가 많다.

내려주었다.

용원부   동남쪽으로 바닷가에 이르는데, 고구려 때의 경주
이다.[13] 돌을 쌓아 성을 만들었는데 둘레가 20리였
다. 당나라 설인귀(薛仁貴)가 고구려를 정벌하였을
때에 활을 잘 쏘는 사람을 석성(石城)에서 잡았다
고 하였으니 이곳을 말한다.

압록부   고구려 때의 고국성[14]으로 성의 높이가 3장[15]이고,
동서 및 남북 너비가 20리에 이른다.

동평부   당나라 이세적이 고구려를 정벌하면서 요성[16]을 함
락시켰고, 정명진(程名振)과 소정방(蘇定方)이 고구
려 군대를 신성[17]에서 크게 격파했다고 했으니, 모
두 이곳이다. 요하(遼河), 양장하(羊腸河), 추자하(錐
子河), 사산(蛇山), 낭산(狼山), 흑산(黑山), 건자산(巾
子山)이 있다.

철주(鐵州)   한나라 때의 안시현(安市縣)이었고, 고구려 때에는
안시성(安市城)이었다. 당나라 태종이 공격하였으

---

13. 고구려 때에 경주(慶州)가 없었다.
14. 고구려 때에 고국성(故國城)은 없다. 국내성을 염두에 둔 말이다.
15. 장(丈)은 10자[尺]를 말한다.
16. 요성(遼城)은 요동성으로서, 지금의 중국 요령성 요양이다.
17. 신성(新城)은 지금의 중국 요령성 무순(撫順)으로 추정된다.

나 함락하지 못하자 설인귀가 흰옷을 입고 성벽을 올랐던 곳이 바로 이곳이다.[18]

탕주(湯州)	한나라 때에 양평현(襄平縣)이었다.
흥주(興州)	한나라 때에 해명현(海冥縣)이었다.
경주(慶州)	태보산(太保山)과 흑하(黑河)가 있는 곳이다.
환주(桓州)	고구려 중도성[19]으로 이곳에 궁궐을 세워 신국(新國)이라 하였다. 고구려왕 쇠[20]가 모용황(慕容皝)에게 패하여 궁궐이 불에 타버린 곳이 이곳이다.
개주(蓋州)[21]	나중에 진주(辰州)로 고쳤으니 진한(辰韓)에서 이름을 얻은 것이다. 마을이 죽 늘어서 가장 번화한 요충지가 되었는데, 고구려 개모성(蓋牟城)이 이곳이다. 당나라 태종이 이세적을 만나서 함께 공격하여 격파한 곳도 이곳이다.[22]
속주(涑州)	이곳에 속말강(涑沫江)이 있으니, 이는 속말수를 말

---

18. 설인귀가 일부러 흰옷을 입고 선봉에 나서 공격하자, 과연 태종이 이를 목격하여 그를 불러서 물건과 벼슬을 하사하였다(《구당서》 권83, 〈설인귀전〉).
19. 중도성(中都城)은 환도성(丸都城)의 잘못이다.
20. 쇠(釗)는 고구려 16대 고국원왕을 이른다.
21. 개주는 《신당서》 〈발해전〉에 익주(益州)로 나온다
22. 당 태종이 이세적을 만나 함께 공격한 곳은 요동성이다(《구당서》 권3, 〈태종본기 하〉).

하며, 속말말갈[23]이 거주하던 곳이다.

〈군, 현〉

현덕부 1군

삼로(杉盧) 때로는 삼로현이라고도 하는데, 노주에 속하였다.[24]

용원부 3군

용하(龍河) 때로는 용하현이라고도 하는데, 염주에 속하였다.

회농(會農) 때로는 회농현이라고도 하는데, 목주에 속하였다.

길리(吉理) 때로는 길리현이라고도 하는데, 하주에 속하였다.

압록부 2군

반안(盤安) 풍주에 속하였다.

비류(沸流) 정주에 속하였다. 비류왕이 있던 곳으로 비류수가

---

23. 속말말갈(涑沫靺鞨)은 속말말갈(粟末靺鞨)을 가리키는데, 현재의 중국 길림성 길림시 일대에 거주하였다.

24. 여기서 삼로군을 삼로현이라고도 불렀다고 하면서 노주에 예속되어 있었다고 하였으나, 노주의 별명이 삼로군이다. 따라서 유득공이 잘못 이해한 것이다. 이하 기록도 마찬가지이다.《요사》〈지리지〉에는 발해의 몇 개 주를 군으로도 부르고 있는데, 이것은 어느 시기엔가 주를 군으로 개편한 적이 있는 사실을 보여주는 듯하다. 그렇다면 발해 말기의 지방제도는 부, 주·군, 현의 3단계 체제를 유지하였던 것 같다.

흐르며, 공손강(公孫康)에게 병합되었다.

철리부 1군

철리(鐵利)   어느 주에 속하였는지 알 수 없다.[25] 한나라 때에
양평현(襄平縣)이었고, 고구려 때에는 당산현(當山縣)이었다.

부, 주 미상의 3군

안정(安定)

동산(銅山)   고구려 때의 동산현으로 발해 용천부의 남쪽, 한나
라 때의 후성현(侯城縣) 북쪽에 있었다. 산이 많아
지세가 험하다.

안녕(安寧)   고리국(藁離國)이 있던 곳이다.

용천부 5현

부리(富利), 장평(長平)   모두 용주에 속하였다.

공진(貢珍)   발주에 속하였다.

숙신(肅愼), 좌모(佐慕)   모두 어느 주에 속했는지 알 수 없다.

---

25. 이곳은《요사》〈지리지〉에 광주(廣州)의 별명으로 나온다.

현덕부 26현

산양(山陽)

한양(漢陽)

백암(白巖)

상암(霜巖)　고비리군[26]이 있던 곳으로 한나라 때에는 험독현
(險瀆縣)에 속하였다. 이상의 4현은 모두 노주에 속
하였다.

영풍(永豐)　현주에 속하였다. 〈신선전〉(神仙傳)에 "신선 백중리
(白仲理)가 신령스런 단약[27]을 만들 줄 알고, 쇠를
다루어 황금을 만들 줄 알아, 백성들을 구제하였
다"고 한 곳이 바로 이곳이다. 한나라 때의 요대현
(遼隊縣)이다.

위성(位城), 하단(河端), 창산(蒼山), 용진(龍珍)

모두 철주에 속하였다.

영봉(靈峯), 상풍(常豐), 백석(白石), 균곡(均谷), 가리(嘉利)

모두 탕주에 속하였다.

---

26. 고비리군(古陴離郡)은 《삼국지》〈한전〉에 나오는 고비리국(古卑離國)을
가리키는 듯하다. 《요사》〈지리지〉의 착오이다.
27. 원문은 '신단'(神丹)이다. 이것은 불로장생의 영약으로 이를 복용하면
신선이 된다고 한다.

성길(盛吉), 산산(蒜山), 철산(鐵山)

　　모두 홍주에 속하였다.

장녕(長寧)

금덕(金德)　　상락현(常樂縣)이라고도 부른다. 한나라 때의 패수현
　　　　　　　(浿水縣)이고, 고구려 때에는 구려현(勾麗縣)이었다.

계산(鷄山)　　한나라 때의 거취현(居就縣)이다. 옛날에 정령위[28]
　　　　　　　의 집이 이곳에 있었는데, 집을 떠난 지 천 년만에
　　　　　　　학이 되어 돌아와서 화표주[29]에 앉아 부리로 화표
　　　　　　　에 그림을 그려서 "새가 있네, 새가 있네, 바로 정
　　　　　　　령위이로구나. 집 떠난 지 천 년 되어 이제 돌아왔
　　　　　　　도다. 성곽은 옛날 그대로이되 사람은 그렇지 않네.
　　　　　　　어찌 신선술을 배우지 않아 무덤들만 연이어 있는
　　　　　　　가?"라고 말하였다.

화산(花山)　　한나라 때의 망평현(望平縣)이다.

자몽(紫蒙)　　한나라 때의 누방현(鏤芳縣)으로, 불녈국이 이곳에

---

28. 정령위(丁令威)는 한나라 때 요동지방 사람이라 전해지는 전설적인 인
　　물이다.
29. 화표주(華表柱)는 고대에 왕이 신하의 간언을 받아들였다는 것을 표시
　　하고자 세운 화려한 장식의 기둥을 말한다. 이것이 이정표의 역할도 하
　　였다. 또 교량, 궁궐, 성곽, 가옥 외부 등에 세운 장식기둥을 의미하기도
　　한다. 여기서는 성문 앞에 세운 기둥을 말한다.

동평부를 설치하였다.[30]

숭산(崇山), 위수(潙水), 녹성(綠城), 봉집(奉集)

　어느 주에 속하였는지 알 수 없다.

용원부 15현

용원(龍原)

영안(永安)

오산(烏山)

벽곡(壁谷)

웅산(熊山)　　설인귀가 고구려를 정벌할 때에 고구려 장수 온사문

　　　　　　(溫沙門)과 웅산[31]에서 싸웠던 곳이 바로 이곳이다.

백양(白楊)　　이상은 모두 경주(慶州)에 속하였다.

해양(海陽), 접해(接海), 격천(格川)

　　　　　모두 염주에 속하였다.

수기(水岐), 순화(順化), 미현(美縣)

　　　　　모두 목주에 속하였다.

홍하(洪賀), 송성(送誠), 석산(石山)

30.　불녈말갈의 땅에 동평부를 설치한 것은 발해이다.

31.　설인귀가 싸운 곳은 웅산(熊山)이 아니라 횡산(橫山)으로《구당서》권83,
　　〈설인귀전〉), 발해 웅산현과는 무관하다.

모두 하주에 속하였다.

남해부 16현

천청(天晴), 신양(神陽), 연지(蓮池), 낭산(狼山), 선암(仙巖)

　　　모두 정주에 속하였다.

초산(椒山), 초령(貂嶺), 시천(澌泉), 첨산(尖山), 암연(巖淵)

　　　모두 초주에 속하였다. 동쪽으로 신라와 접하고, 서
　　　남쪽은 예전의 평양성이고, 동북쪽으로 120리 떨
　　　어진 곳에는 해주(海州)가 있다.

옥저(沃沮), 취암(鷲巖), 용산(龍山), 빈해(濱海), 승평(昇平), 영천(靈泉)

　　　모두 어느 주에 속하였는지 알 수 없다.

압록부 10현

환도(桓都), 신향(神鄕), 기수(淇水)

　　　모두 환주에 속하였다.

신록(神鹿), 신화(神化), 검문(劍門), 안풍(安豐), 발각(渤恪), 습양(隰壤),

협석(硤石)　　　모두 어느 주에 속하였는지 알 수 없다.

부여부 11현

포다(布多), 부여(扶餘), 현의(顯義), 작천(鵲川), 강사(强師),

신안(新安), 어곡(漁谷), 영녕(永寧), 풍수(豐水), 부라(扶羅),

영평(永平)　　　모두 어느 주에 속하였는지 알 수 없다.

회원부 9현

부수(富壽), 우부(優富)　　　　　　모두 부주에 속하였다.

산하(山河), 흑천(黑川), 녹천(麓川)　모두 미주에 속하였다.

월희(越喜),[32] 회복(懷福), 표산(豹山), 유수(乳水)

　　　　모두 어느 주에 속하였는지 알 수 없다.

안원부 2현

모화(慕化), 숭평(崇平)　모두 모주에 속하였다.

부, 주 미상의 9현

장태(長泰), 풍영(豐永), 웅산(熊山), 영봉(靈峯), 녹군(麓郡),

녹파(麓波), 운천(雲川), 안이(安夷), 만안(萬安)

이상은 《요사》에 기록된 것으로서, 요나라 태조가 동쪽으로 발해를 병합하여 성읍을 얻은 것이 103곳이라고 하였는데, 실제로 군현의 이름을 알 수 있는 것이 지금 113곳이나 되니 의문스럽다.

---

32. 월희현은 기록에 나오지 않으므로, 유득공이 잘못 적어 넣었다.

3. 《청일통지》에 기록된 발해 지리

〈5경 15부 62주〉

대부분 지금의 길림오라,[33] 영고탑 및 조선 영토에 있었다. 안동도
호부에 속하였던 요동 땅은 발해에 편입되었으나 어떠한 행정구역
이 설치되었는지는 알려져 있지 않고, 다만 《신당서》 지리지에 실려
있는 가탐의 기록을 통하여 알 수 있을 뿐이다.

요나라 때에 동경의 주·현들이 발해 때의 명칭을 많이 계승하였
지만, 그렇다고 발해 때의 해당 지역을 수복한 것을 의미하지는 않
는다. 《요사》에 발해 때의 어디였다는 말이 많이 나오지만, 사실 모
두 그런 것은 아니다.

용천부

한·삼국·진(晉)나라 때에 읍루국 땅이었고, 후위[34]·제·주나
라[35] 때에는 물길국 땅이었다. 수나라 때에 말갈국 땅이었고, 당나라
때에 발해에 편입되어 용천부가 되었다. 금나라 때에 상경 회녕부

---

33. 길림오라(吉林烏喇)는 지금의 중국 길림성 영길현 오랍가(烏拉街)이다.
    현재의 길림(吉林)은 이를 간략히 부른 것으로서, 만주어에서 오라는
    강, 길림은 연안을 의미하므로 길림오라는 송화강 연안이란 뜻이다.
34. 후위(後魏)는 북위(北魏, 386~534)를 가리키는 것으로, 삼국시대의 조위
    (曹魏) 다음에 일어났기 때문에 그렇게 부른다.
35. 제(齊)·주(周)는 북제(北齊, 550~577)와 북주(北周, 557~581)를 가리킨다.

(會寧府) 땅이었고, 원나라 때에 합란부(合蘭府)의 수달달로(水達達路) 등에 속하였다. 명나라 때에 건주(建州) 모린위(毛隣衛) 등의 땅이었으니, 지금의 영고탑(寧古塔)에 해당한다.

현덕부

지금의 길림오라성 동남쪽에 있었다. 《신당서》 지리지에, "압록강 입구에서 배를 타고 100여 리를 간 뒤에 다시 작은 배로 거슬러 올라가면, 동북쪽으로 30리 되는 곳에 있는 박작구(泊汋口)에 이르러 발해 영토에 들어가게 된다. 다시 500리를 거슬러 올라가면 환도현성(丸都縣城)에 이르니, 과거 고구려 수도였던 곳이다. 또 동북쪽으로 200리를 거슬러 올라가면 신주(神州)에 이르고, 그곳에서 육지로 400리를 가면 현주(顯州)에 다다르니, 당나라 천보 연간(742~756)에 도읍을 하였던 곳이다"고 하였다.

살피건대, 현주는 현덕부로서, 당나라 선천 2년(713)에 당나라가 홀한주(忽汗州)란 이름을 내려준 곳이 이곳이다. 《요사》에는 이곳이 평양성이라 하였고, 또 요나라가 설치한 동경 관할의 현주가 본래 현덕부 땅이라고 하였으나, 모두 잘못된 것이다.

용원부

한나라 때에 현도군 땅이었고, 진나라 때에 평주(平州)에 속하였다. 수나라 때에 고구려 경주(慶州) 땅이었고, 당나라 때에 안동도호부에 속하였다가 발해에 편입되어 용원부가 되었다. 요나라 때에 개주(開州) 진국군(鎭國軍)이었고, 금나라 때에 석성현(石城縣)이었다. 원나라 때에 동녕로(東寧路) 봉황성(鳳凰城)에 속하였으니, 지금의 봉황성이다.

남해부

한나라 때에 현도군 땅이었고, 뒤에 낙랑도위(樂浪都尉)에 속하였다. 동한(東漢) 때에 옥저(沃沮)로 봉해졌고, 삼국시대에 평주 땅이 되었다. 진나라 이후에 고구려 사비성(沙卑城)이 되었고, 당나라가 이곳에 개주를 두었으며,[36] 발해에 편입되어 남해부가 되었다. 요나라 때에 해주(海州) 남해군(南海軍)이었고, 금나라 때에 징주(澄州) 남해군(南海郡)이었다. 원나라 때에 폐지되어 요양로(遼陽路)에 편입시켰으며, 명나라 때에 해주위(海州衛)가 되었으니, 지금의 해성현(海城縣)이다.

부여부

한나라 때에 부여국 땅이었고, 당나라는 이곳에 흑수도독부(黑水都督府)를 두었으며, 발해에 편입되어 부여부가 되었다가, 또다시 용천부로 되었다. 요나라는 동경에 예속시켰다. 금나라 때에는 회녕

---

36. 당나라 이세적(이적)이 645년 4월에 고구려 개모성을 빼앗은 뒤에 개주(蓋州)를 두었으며, 5월에 정명진이 사비성을 공격하여 함락시켰으므로 《구당서》 권199상, 〈고려전〉), 본문은 사실과 다르다.

부(會寧府)였다가 상경(上京)으로 승격되었다. 원나라 때에 개원로(開元路)였고, 명나라 때에 삼만위(三萬衛)였으니, 지금의 개원현(開元縣)이다.

심주(瀋州)

한나라 때에 읍루·부여·옥저·조선 등의 땅이었고, 삼국·진나라 때에는 평주 땅이었다. 후위 때에는 영주 땅이었고, 제·주나라 때에는 고구려 땅이었다. 수나라 때에 영주 땅이었고, 발해 때에 발해에 편입되어 심양(瀋陽)으로 되어 정리부에 속하였다. 요나라 때에 심주 소덕군(昭德軍)이었고, 금나라 때에 심주 현덕군(顯德軍)이었다. 원나라 때에 심양로(瀋陽路)에 속하였고, 명나라 때에 심양중위(瀋陽中衛)에 속하였으니, 지금의 봉천부(奉天府)이다.

《통지》에 "오루하(奧婁河)가 있다"고 하면서, "오루는 읍루를 말한다"고 주를 달아 놓았다.

개주(盖州)

한나라 때에 서개마현(西盖馬縣)이었고, 삼국시대에 평주 땅이었다. 진나라 이후에 고구려 땅이 되었고, 당나라 때에 고구려 개모성이었으며, 태종이 그 땅을 빼앗아 개주를 설치하였다. 발해에 편입된 뒤에도 계속해서 개주를 두었고, 뒤에 진주(辰州)로 고쳤다. 요나라 때에 진주 봉국군(奉國軍)이었고, 금나라 때에는 개주 봉국군이

었다. 원나라 때에 개주였고, 명나라 때에 개주위(蓋州衛)가 되었으
니, 지금의 개평현(蓋平縣)이다.

부주(富州)

한나라 때에 읍루국 땅이었고, 수나라 때에 월희국(越喜國) 땅이
었다. 당나라 때에 발해에 편입되어 부주가 되어 회원부에 속하였
다. 요나라 때에 은주(銀州) 부국군(富國軍)이 되었고, 금나라 때에
신흥현(新興縣)이 되었다. 원나라 때에 폐지되었고, 명나라 때에 철
령위(鐵嶺衛)가 되었으니, 지금의 철령현이다.

삼로군(杉盧郡)

한나라 때에 현도군 땅이었고, 진나라 이후에 고구려 땅이었다.
당나라 때에 금주(金州)를 두었고, 발해에 편입되어 삼로군이 되었
다. 요나라 때에 소주(蘇州) 안복군(安復郡)이었고, 금나라 때에는
화성현(化成縣)이었다. 원나라 때에 개주로(盖州路)에 속하였고, 명
나라 때에 금주위(金州衛)가 되었으니, 지금의 영해현(寧海縣)이다.

홀한하(忽汗河)

지금은 호이합하(虎爾哈河)라고 하는데, 길림오라 지역에서 발원
하여 동북쪽으로 과거의 회녕성(會寧城) 북쪽을 지난다. 또 90여 리
를 가서 영고탑성 남쪽을 감싼 뒤에 다시 꺾어져 북쪽으로 700여

리를 흘러 혼동강(混同江)으로 들어간다.

당나라 때에 홀한하라 불렀으므로, 발해 대씨가 홀한주를 두었다. 《신당서》〈지리지〉에, "발해 왕성(王城)이 홀한해(忽汗海)에 임해 있다"고 하였다. 금나라 때에 금수(金水)라 불렀는데, 현지 속어로 금을 안출호(按出虎)라 하기 때문에 안출호수라고도 불렀으니, 이것이 바로 금원[37]이다. 《명일통지》에 홀아해하(忽兒海河)가 북쪽으로 흘러 송화강으로 들어간다고 하였으니, 바로 이 강이다.

상경성(上京城)

지금의 영고탑성 서남쪽에 있다. 《신당서》에 "천보(742~756) 말년에 대흠무가 상경으로 도읍을 옮겼는데, 구국(舊國)에서 300리 되는 곳으로서, 홀한하의 동쪽에 있다"고 하였다. 가탐은 "안동도호부로부터 동북쪽으로 과거의 개모성과 신성을 경유한 뒤에, 다시 발해 장령부를 경유하여 1,500리를 가면 발해 왕성에 도달한다"고 하였다.

이로 생각해보건대, 분명 영고탑 서남쪽에 있었고, 금나라 상경성과 가까웠을 것이다. 《명일통지》에는 "금나라가 요나라를 멸망시키고, 발해 상경에 도읍을 설치하였다"고 하였으니, 바로 이곳이다.

---

37. 안출호수가 금나라의 상경로에서 발원하기 때문에 금원(金源)이라고 한 것이다. 금나라의 명칭도 여기서 유래하였다(《금사》 권24, 〈상경로〉).

평양(平壤)

한나라 낙랑군이 있던 곳으로 나중에 고구려왕의 도읍지가 되었는데, 장안성(長安城)이라고도 불렸고, 왕검성(王儉城)이라고도 하였다. 당나라가 고구려를 평정하고 이곳에 안동도호부를 두었다. 나중에 발해 땅이 되었으며, 지금의 조선 영토 안에 있었다.

곽주(郭州)

당나라가 곽주를 두었고, 발해가 이를 계승하였다. 나중에 요나라에 속하였는데, 역사 기록[38]에 "요나라가 압록강 북쪽을 고려에게 주자, 고려가 흥화진(興化鎭)·철주(鐵州)·통주(通州)·용주(龍州)·귀주(龜州)·곽주(郭州)의 6개 성을 쌓았다"고 하였으니, 지금의 조선 영토 안에 있었다.

모주성(慕州城)

본래 발해 안원부에 속하였고, 녹주(淥州) 서쪽 200리에 있었다. 녹주는 압록부를 가리키는데, 지금의 조선 영토 안에 있었다.

이상은 《청일통지》에 기록된 것이다. 우리나라 영토 안에 있었던

---

38. 원문에 '재기'(載記)라 하였는데, 일반적으로 중국 주변국가들의 역사서를 의미한다. 《사고전서》(四庫全書) 〈사부〉(史部)에 재기류가 수록되어 있다.

발해 땅이 3개가 있으니, 평양, 곽주, 모주이다. 그러면서 곽주가 압록강 북쪽에 있다고 하였고, 모주가 압록강 서쪽에 있다고 하였으니, 역시 의문스럽다.

살피건대, 신라가 삼국을 통합한 뒤에 동북쪽은 천정군(泉井郡)으로 경계를 삼았으니 지금의 덕원군(德源郡)이요, 서북쪽은 당악현(唐岳縣)으로 경계를 삼았으니 지금의 중화부(中和府)이다. 중화로부터 동쪽으로 상원(祥原)·수안(遂安)·곡산(谷山)을 지나 덕원에 이르는 곳이 모두 변방의 요새가 있던 곳이다. 그 밖으로 함경도와 평안도 땅은 모두 발해 소유가 되었다.

신라가 쇠퇴하자 궁예가 처음으로 패서(浿西) 13진(鎭)을 설정하였으니, 평양성주 검용(黔用) 및 증성[39]의 붉은 옷·노란 옷을 입은 도적 명귀(明貴) 등이 모두 항복하였다. 이때는 아직 발해가 거란과 전쟁을 벌이지 않았는데, 이미 그 남쪽 땅을 궁예에게 빼앗겼던 것이다.

거란이 발해를 격파하고서 다스린 땅은 단지 압록강 이북에 그쳤으므로, 압록강 남쪽에 있었던 발해 군현의 변천에 대해서는 《요사》에 누락되어 고찰할 길이 없다.

《신당서》에 "발해가 남쪽으로 신라와 접하면서 이하(泥河)를 경계로 삼았다"고 하였고, 《문헌비고》에 "이하는 마땅히 덕원 땅 안에 있었을 것이다"고 하였는데, 후자의 견해는 잘못된 것이다. 《요사》

---

39. 증성(甑城)은 지금의 평안남도 강서군 증산(甑山)이다.

를 살펴건대, "패수(浿水)는 일명 이하라 하며, 한우초[40]가 자란다고 해서 한우락수라고도 부른다"고 하였으니, 이것은 요나라 동경(東京)의 강물을 가리키는 것이다.

요나라 동경은 지금의 요양현인데,《요사》에는 동경이 "발해 중경현덕부에 해당하며, 본래 기자가 봉해졌던 평양성이다"고 하였다. 이 문제에 대해서는《청일통지》에 아주 자세히 밝혀 놓았으니,[41] 대체로《요사》에서 동경을 평양으로 잘못 보았기 때문에 패수도 함께 실어 놓았던 것이다. 이 책에 언급된 일명 이하라고도 불리는 패수는 바로 우리나라의 평양에 있던 패수로서 지금의 대동강이니,[42] 신라와 발해의 국경도 바로 대동강 일대에 있었다.

---

40. 한우초(䍐芋草)는 물에서 자라는 풀이름이다.
41. 앞의 현덕부 항목에서 언급한《요사》의 오류를 가리킨다.
42. 유득공은《요사》에서 요나라 동경이 평양에 해당한다고 설명한 것은 잘못이라고 하면서도, 이하(泥河)를 패수로 설명한 견해는 그대로 받아들이고 있다. 지금은 함경남도 영흥(금야)으로 흐르는 용흥강(금야강)이 이하일 것으로 추정하고 있다.

4. 관청 및 관직에 관한 고찰[職官考]

1. 문관 직제

선조성(宣詔省)   좌상(左相), 좌평장사(左平章事), 시중(侍中), 좌
상시(左常侍), 간의(諫議)

중대성(中臺省)   우상(右相), 우평장사(右平章事), 내사(內史), 조
고사인(詔誥舍人)

정당성(政堂省)   대내상(大內相)[좌상과 우상의 위에 둔다], 좌사정
(左司政)·우사정(右司政)[당나라의 복야(僕射)에
해당하며 좌·우평장사의 아래에 둔다], 좌윤(左允)
·우윤(右允)[당나라의 두 승(丞)에 해당한다]

충부(忠部)   경(卿)[사정(司政) 아래에 둔다]

인부(仁部)   경

의부(義部)   경[충부, 인부, 의부를 좌육사(左六司)라 부른다]

작부(爵部)   낭중(郎中), 원외(員外)

창부(倉部)   낭중, 원외

선부(膳部)   낭중, 원외[모두 좌사(左司)의 지사(支司)[1]이다]

지부(智部)	경
예부(禮部)	경
신부(信部)	경[지부, 예부, 신부를 우육사(右六司)라 부른다]
융부(戎部)	낭중, 원외
계부(計部)	낭중, 원외
수부(水部)	낭중, 원외[모두 우사(右司)의 지사이다]
중정대(中正臺)	대중정(大中正)[당나라의 어사대부(御史大夫)에 해당하며 사정 아래에 둔다], 소정(少正)
전중시(殿中寺)	대령(大令)
종속시(宗屬寺)	대령
문적원(文籍院)	감(監), 소감(少監), 영(令)[2]
태상시(太常寺)	경
사빈시(司賓寺)	경
대농시(大農寺)	경
사장시(司藏寺)	영(令), 승(丞)

---

1. 6부에는 각기 아래에 정사(正司)와 지사(支司)를 두었으니, 예를 들어 충부에는 정사로서 충부, 지사로서 작부를 두었다. 다른 부도 이와 동일한 방식으로 구성되어 있으니, 당나라 제도를 모방한 것이다.

2. 《신당서》〈발해전〉에 "전중시·종속시, 유대령. 문적원유감. 영감개유소"(殿中寺·宗屬寺, 有大令. 文籍院有監. 令監皆有少)라 되어 있어, 일반적으로 전중시·종속시에 대령·소령이 있었고, 문적원에 감·소감이 있었던 것으로 이해되고 있다.

사선시(司膳寺)	영, 승
주자감(胄子監)	감(監), 장(長)
항백국(巷伯局)	상시(常侍)

2. 무관 직제

좌맹분위(左猛賁衛)	대장군, 장군
우맹분위(右猛賁衛)	대장군, 장군
좌웅위(左熊衛)	대장군, 장군
우웅위(右熊衛)	대장군, 장군
좌비위(左羆衛)	대장군, 장군
우비위(右羆衛)	대장군, 장군
남좌위(南左衛)	대장군, 장군
남우위(南右衛)	대장군, 장군
북좌위(北左衛)	대장군, 장군
북우위(北右衛)	대장군, 장군

살피건대, 영원장군(寧遠將軍), 충무장군(忠武將軍), 운휘장군(雲麾將軍), 보국장군(輔國將軍), 귀덕장군(歸德將軍), 자수대부(紫綬大夫), 청수대부(靑綬大夫), 헌가대부(獻可大夫), 광간대부(匡諫大夫), 상주국(上柱國), 개국공(開國公), 개국자(開國子), 개국남(開國男)의

칭호들이 《속일본기》,《일본일사》,《고려사》 등의 역사서에 보이는
데, 그 제도에 대해서는 모두 고찰할 수 없다.

5. 의식 및 복장에 관한 고찰[儀章考]

3질[1] 이상은 자줏빛 관복을 입고, 상아홀[2]과 금어대[3]를 휴대한다.

5질 이상은 주홍빛 관복을 입고, 상아홀과 은어대를 휴대한다.

6질과 7질은 옅은 주홍빛 관복을 입고, 나무홀을 휴대한다.

8질은 녹색 관복을 입고, 나무홀을 휴대한다.

요나라 천현 4년(929) 태종이 요양에 행차하였을 때에, 인황왕으로 하여금 천자가 타는 수레와 의장병을 갖추어 맞이하도록 하였

---

1. 발해에서는 정1품, 정2품 등의 품(品)이란 용어를 질(秩)이라고도 하였다.
2. 홀(笏)은 신하가 임금을 뵐 때 지니는 장방형 판으로, 원래는 임금의 명령을 기록하던 메모판이었는데, 나중에 의례적인 물건으로 바뀌었다. 중국에서는 지위에 따라 옥, 상아, 대나무 등으로 만들었다.
3. 어대(魚袋)는 당나라 때에 물고기 모양으로 된 부절(符節)을 넣던 주머니를 이른다. 금어대는 금으로 만든 부절을 넣은 주머니이다. 당나라 고종 때에 처음 시행되어, 처음에는 수도의 관료에게 지급하다가 점차 지방 관료에게까지 확대되어 갔다.

고, 건형 5년(983) 성종이 동경을 순시할 때에 동경유수가 의장병을 갖추어 황제의 수레를 맞이하였는데, 대체로 과거 발해 때의 의식 행사라고 한다.

《송사》를 살펴보니, 태조가 "절할 때에 왜 남자는 무릎을 꿇는데 부인은 무릎을 꿇지 않는가?"라고 조보(趙普)에게 물었다. 조보가 예법을 담당하는 관리에게 물었으나 대답하지 못하였다. 마침 왕부(王溥)의 손자⁴ 왕이손(王貽孫)이 이에 대해서 잘 알고 있어서 "당나라 태후⁵ 때부터 부인들이 절하면서 무릎을 꿇지 않게 되었는데, 태화 연간(827~835)에 유주종사(幽州從事) 장건장이 《발해국기》를 저술하여 그에 관한 일을 자세히 언급하였다"고 대답하니, 조보가 크게 칭찬하였다. 생각건대, 그 책에 발해 의례와 관련된 글이 많이 실려 있는 듯한데, 우리나라에는 전해지지 않는다. 《신당서》 〈예문지〉(藝文志)에 "장건장의 《발해국기》 3권"이라는 말이 실려 있다.

---

4. 왕이손이 왕부의 손자라 하였으나, 실제는 아들이다(《송사》 권249, 〈왕부전〉).
5. 태후(太后)는 측천무후를 가리킨다.

6. 물산에 관한 고찰[物産考]

태백산[1]의 토끼

남해부의 다시마

책성부의 된장

부여부의 사슴

막힐부의 돼지

솔빈부의 말

현주의 베

옥주의 면(綿)

용주의 명주

위성의 철

노성의 벼

미타호[2]의 붕어

---

1. 태백산(太白山)은 백두산을 가리킨다.
2. 미타호(湄沱湖)는 중국 흑룡강성에 있는 흥개호(興凱湖)로 추측된다.

환도의 오얏

악유[3]의 배

부주의 은

---

3. 악유(樂遊)는 낙랑(樂浪)의 잘못으로 보기도 한다.

7. 국어에 관한 고찰[國語考]

　왕을 가독부(可毒夫), 성왕(聖王), 기하(基下)라 부르며, 왕의 명령을 교(敎)라 한다. 왕의 아버지를 노왕(老王), 어머니를 태비(太妃), 처를 귀비(貴妃)라 하고, 맏아들을 부왕(副王), 나머지 아들을 왕자(王子)라 한다. 관품(官品)은 질(秩)이라 한다.

8. 국서에 관한 고찰[國書考]

1. 무왕이 일본국 성무천황(聖武天皇)에게 보내는 국서[1]

무예가 아룁니다. 산과 물이 다르고 나라 땅이 다르지만, 대왕의 풍모와 지략을 오래 전부터 들어와서, 고개 숙여 우러르는 마음이 더할 뿐이었습니다.

엎드려 생각건대, 대왕의 나라는 하늘로부터 명을 받아 일본이 건국된 이래, 대대로 훌륭한 임금이 이어지고, 자손이 크게 번성하였습니다. 무예는 욕되게 여러 나라를 주관하고 외람되게 여러 번국(藩國)을 아우르게 되어, 고구려의 옛 터전을 수복하고 부여의 풍속을 소유하게 되었습니다.

그러나, 멀리 하늘 끝에 있어 길이 막히고, 큰 바다마저 멀리까지 펼쳐져 있어서, 지금껏 소식을 통하지 못하고, 좋은 일과 불행한 일에 제대로 축하하고 위문하지 못하였습니다. 어진 나라와 가까이

---

1. 무왕이 727년(제1차 사신)에 보낸 국서로서, 《속일본기》 권10에 실려 있다.

하여 서로 돕고 의지하는 일은 옛날의 가르침에 따르고자 하였지
만, 사신을 보내 이웃 나라를 방문하는 일이 오늘에야 시작되게 되
었습니다.

삼가 영원장군·낭장 고인의, 유장군·과의도위 덕주, 별장 사나루
등 24인으로 하여금 편지를 휴대하고, 아울러 담비 가죽 300장을
받들어 가져가도록 하였습니다. 보내는 토산물이 비록 천한 것이지
만 변변치 못한 물건을 바치는 정성이나마 나타내고자 하며,[2] 가죽
예물이 진귀한 것이 못 되어 말없는 꾸짖음이 있으실 것 같아 부끄
러울 따름입니다.[3] 이치대로 일을 주관하고자 하나 한계가 있고, 우
러러 뵙고자 하나 기약이 없지만, 때때로 소식을 받들며 영원히 이
웃나라와 돈독히 지내고자 합니다.

---

2. 추운 겨울을 근근히 보낸 송나라 농부가 천하에 따스한 집과 훌륭한 가
   죽옷이 있는 줄을 모르고, 따스한 봄볕을 임금에게 알려 쬐도록 하면 후
   한 상을 받을 것이라 하였다. 그 마을 부자가 이를 듣고, "옛날에 콩나
   물, 수삼, 미나리, 개구리밥을 맛있다고 생각한 사람이 이를 고을의 높
   은 사람에게 바쳤는데, 입을 쏘고 배를 아프게 하였다. 사람들이 이를
   듣고 나무라자 부끄러워했는데, 당신도 이와 같은 사람이다"고 말하였
   다고 한다(《列子》 〈楊朱〉). 따라서 헌근(獻芹)은 자신이 바치는 물건이 변
   변치 못한 것을 이른다.
3. 엄구(掩口)는 손으로 입을 가리는 것으로서, 소리를 내지 않는다는 의미
   도 있다.

2. 문왕이 일본국 성무천황에게 보내는 국서[4]

흠무가 아룁니다. 산과 물이 아득히 멀고, 나라 땅이 멀리 떨어져 있지만, 우두커니 대왕의 풍모와 지략을 바라보면, 고개 숙여 우러르는 마음만 더할 뿐입니다.

엎드려 생각하면, 천황의 성스러운 예지로 지극한 가르침이 멀리까지 퍼짐으로써, 대대로 훌륭한 임금이 이어지고, 은혜가 만백성에게 미치게 되었습니다. 흠무는 과분하게 선조의 대업을 이어받아 외람되게 국내 일을 총괄함이 처음 그대로입니다. 아울러 의로움이 두루 미치고 정이 두텁게 되도록 매번 이웃나라와 돈독히 지내고자 합니다.

지금 그쪽 나라의 사신 평군조신광업[5] 등이 풍파에 휩쓸려 길을 잃고 이곳에 표류해 왔는데, 매번 후한 상을 주면서 명년 봄에 돌려보내고자 했습니다. 그러나 사신들이 앞서 겪은 고통을 호소하며 금년에 돌아갈 것을 요청하였는데, 간청하는 말이 진중하고 또 이웃 나라와의 의리도 가벼이 여길 수 없어, 채비를 하는 대로 즉시 떠나보내게 되었습니다.

이에 약홀주도독 서요덕 등을 사신으로 삼아 광업 등을 그쪽 나

---

4. 문왕이 739년(제2차 사신)에 보낸 국서로서, 《속일본기》 권13에 실려 있다.
5. 평군조신광성(平群朝臣廣成)을 여기서는 평군조신광업(平群朝臣廣業)이라 하였다.

라로 돌려보내도록 시켰습니다. 아울러 범가죽[6]과 큰곰가죽 각각 7
장, 표범가죽 6장, 인삼 30근, 꿀 3곡[7]을 진상하니, 그곳에 도착하면
잘 살펴 받아주십시요.

3. 강왕이 일본국 환무천황(桓武天皇)에게 보내는 국서[8] (1)

부음에 관한 일은 따로 보내는 편지에 갖추어 아룁니다. 엎드려
생각건대, 천황 폐하께서 모든 일에 만복하시고 침식(寢食)에도 항
상 건승하시길 빕니다.

숭린이 구차히 목숨을 부지하다가[9] 갑자기 상을 당하여 왕위에
오르니, 관료들이 의로움에 감복하여 뜻을 바꾸고 감정을 억제하였
습니다. 이에 국가 기틀을 다시 지속시키고, 선왕들의 업적을 삼가
따를 수 있게 되어, 마침내 조정의 기강이 옛날과 같이 되고, 영토도
처음과 같이 되었습니다.

스스로 생각해보니 실로 천황의 은혜를 크게 입었지만, 검푸른

---

6. 대충(大蟲)은 늙은 호랑이를 의미한다.
7. 1곡(斛)은 10말에 해당한다.
8. 강왕이 795년(제13차 사신)에 보낸 국서로서,《일본일사》권5와《유취국
   사》권193에 실려 있다.
9. 원문은 '시식구연'(視息苟延)이다. 이것은 겨우 보고 숨쉬며 구차하게 생
   명을 보전하는 것을 의미한다.

바다가 땅을 뒤흔들고 파도가 하늘까지 넘쳐서, 선물을 받들어 올리고자 하나 어쩔 도리 없이 헛되이 고개 숙여 우러르는 마음만 더하였을 따름이었습니다.

이제 삼가 광간대부·공부낭중 여정림 등을 파견하여 바다를 건너 문안 인사를 드리고, 아울러 옛날의 우호를 다지도록 하였습니다. 많지 않은 토산물을 보내드리며, 구체적인 내역은 따로 보내는 편지에 밝혀 놓았습니다. 글이 거칠고 혼란스럽지만 이만 줄입니다.[10]

하늘에서 화를 내리시어 할아버지[11] 대행대왕[12]께서 대흥 57년 (793) 3월 4일에 돌아가셨습니다. 이웃 나라와 화목하게 지내고자 한다면 좋은 일과 불행한 일을 반드시 알려야 할 것이지만, 검푸른 바다가 가로놓여 늦게야 알리게 되었습니다.

숭린은 불초의 자식으로서[13] 상을 당하는 화를 불러들였는데도

---

10. 불차(不次)는 서신의 말미에 쓰는 용어로, 더 이상 자세히 말하지 않고 이만 줄인다는 뜻이다.
11. 《구당서》와 《자치통감》에 강왕 대숭린은 문왕의 작은 아들이라고 하였다. 반면에 이 글 뒷부분에 고손(孤孫)이라 하였고 여기서도 할아버지라 하였다. 발해인이 직접 언급한 후자가 옳을 것이다.
12. 대행대왕(大行大王)은 왕이 사망하여 아직 시호가 정해지지 않았을 때에 부르는 명칭이다.
13. 무상(無狀)에는 여러 가지 뜻이 있으나, 여기서는 자신의 죄가 말할 수 없이 크다는 뜻의 겸사이다. 무상자(無狀子)는 불초의 자식을 일컫는다.

스스로 죽지 못하였으니, 불효를 저지른 죄과로서 엄중한 벌로 고통을 받아 마땅합니다. 삼가 편지를 보내 따로 받들어 아룁니다. 글이 거칠고 혼란스럽지만 이만 줄입니다. 고손[14] 대숭린이 고개 숙여 아룁니다.[15]

4. 강왕이 일본국 환무천황에게 보내는 국서[16] (2)

숭린이 아룁니다. 사신을 분주히 보내서 인정과 예의를 펼쳐주시는데, 우두커니 따뜻한 보살핌을 받으며 한갓 우러러 뵙기만 할 뿐입니다.

천황께서 갑자기 두터운 은혜를 내리시어 사신을 보내주시니, 아름다운 안부 말씀이 귀에 가득 차고, 진기한 선물 모습이 눈에 흘러 넘칩니다. 이에 내려 보고 올려 보며 스스로 즐거워하니, 엎드려 위로되고 기뻐함이 더할 뿐입니다.

우리 사신 여정림 등이 변방의 오랑캐를 미처 예상치 못하여 도

---

14. 고손(孤孫)의 고(孤)자는 상을 당하였기 때문에 붙인 말이고, 손(孫)은 앞에 할아버지라 하였으므로 손자를 이른다. 따라서 상제가 된 손자를 일컫는다.

15. 돈수(頓首)는 편지 말미에 경의를 표시하기 위하여 의례적으로 쓰는 말이다.

16. 강왕이 796년 일본 사신편에 보낸 국서로서,《일본후기》권5와《유취국사》권193에 실려 있다.

적의 땅에 떨어지게 되었는데, 천황께서 이들을 구제하여 본국으로 살아 돌아올 수 있게 해주셨으니,[17] 생각건대 사신의 왕래가 모두 천황[18]의 은덕에 의지하고 있습니다.

숭린은 외람되이 부덕한 몸으로 왕위에 올랐지만 다행히 좋은 시운을 타게 되어, 앞 시대의 관작을 그대로 계승하고, 과거의 영토도 그대로 관할하게 되었습니다. 이에 황제의 명령에 따른 임명장이 한겨울에도 다다랐고, 금으로 만든 도장과 자줏빛 도장 끈이 요하(遼河) 밖에서도 빛을 발하였습니다.

훌륭한 나라와 예의를 닦으며 귀국과도 교분을 맺어, 철마다 천황을 배알하는 배들이 돛이나 돛대를 서로 마주 대할 수 있을 만큼 빈번히 사신을 파견하려고 생각하지만, 배를 만들 큰 나무의 재목을 고르려 하나 우리 땅에서는 나는 것이 없고, 작은 배를 만들어 바다에 띄우면 침몰되거나 그렇지 않으면 위험에 빠지곤 합니다. 또 때로는 바닷길을 잘못 인도하여 오랑캐에게 해를 당하기도 하니, 비록 천황의 성대한 교화를 사모한다 하더라도 이러한 난관들을 어찌 하겠습니까?

만일 과거의 우호관계를 오래도록 유지하고자 일본에 왕래하는

---

17. 여정림이 일본에 사신으로 갔다가 표류하여 오랑캐의 땅에 도착하였는데, 그들의 습격을 받아 사람들 다수가 흩어지고 죽었다. 일본 조정에서 이들을 월후국에 안치시키고 필요한 물건을 공급하도록 조치하였다.
18. 천조(天造)는 황제를 가리키며, 여기서는 천황을 지칭한다.

것을 다행히 허락해 주신다면, 파견하는 사신 숫자가 20명을 넘지 않게 하고, 이를 한계로 하여 영원한 규정으로 삼고자 합니다. 다만, 몇 해를 걸러서 파견하는가 하는 문제는 그 쪽의 재가에 맡기고자 하니, 결정 사항을 전하는 사신을 내년 가을에 보내주시길 바랍니다. 그곳으로 건너가는 기한에 대해서 허락하시는 바가 있으시면 덕을 함께 하는 이웃[19]으로 항상 남아 있을 것입니다. 또 일이 바라던 것과 다르게 처리되면 동의하지 않는 사실을 충분히 표명해주시기 바랍니다. 보내주신 견 20필, 시 20필, 명주실 100구, 면 200둔은 수량대로 잘 받았습니다.

이제 어장진인광악 등이 사신 업무를 대략 끝마쳤으므로 귀국시킬 적당한 날짜를 정성껏 정하고자 하였고, 그 길에 사람을 뽑아 귀국 사신들을 전송해 드리고 아울러 새로 하명하실 은혜에 감사 드리도록 하고자 하였습니다. 그러나 사신들이 본국의 뜻을 미처 받지 못하였다고 하여 사양하였고, 또 감히 지체를 시킬 수도 없어서 그들의 뜻에 따르도록 하였습니다.

삼가 귀국하는 사신 편에 토산물을 받들어 보내드리며, 구체적인 것은 함께 보내는 다른 편지에 적어 놓은 대로입니다. 보내드리는 물건이 비루하고 천박한 것은 스스로 알고 있기에, 부끄러워 어쩔

---

19. 덕린(德隣)은 《논어》〈이인〉(里仁)의 "덕이 있는 사람은 외롭지 않고, 반드시 이웃이 있다"[德不孤, 必有隣]에서 나온 구절로서, 덕이 있는 사람은 항상 동반자가 있다는 뜻이다.

줄 모르겠습니다.

5. 강왕이 일본국 환무천황에게 보내는 국서[20] (3)

숭린이 아룁니다. 사신 내장하만[하무를 가리킨다][21] 등이 우리나라에 도착하였고, 내려주신 편지와 선물 견·시 각 30필, 명주실 200구, 면 300둔을 수량대로 잘 받았으니, 실로 기쁘고 위로됨이 그지없습니다.

비록 다시 큰 바다가 하늘에까지 넘쳐흐르고 푸른 파도가 태양을 적시어, 길이 끝간 데 없이 멀고, 저 멀리 하늘에 구름과 노을만 바라보인다 해도,[22] 동남쪽 바람에 돛단배를 띄워보내 고향 포구로 기일에 맞춰 돌려보내고, 북서쪽 하늘 끝의 날씨를 헤아려 식량에 부족함이 없게 하셨습니다. 그곳과 이곳이 서로 합치되어 의도하지 않아도 인간 도리에 부합되고, 남쪽과 북쪽에서 서로 의로움에 감복하니, 특히 하늘의 마음에 합당한 일이라고 어찌 말할 수 있지 않겠습니까?

숭린은 과거의 영토를 물려받고 선왕들의 위업을 이어받아, 멀

---

20. 강왕이 798년(제14차 사신)에 보낸 국서로서, 《일본일사》 권7과 《유취국사》 권193에 실려 있다.
21. 하만(賀萬)은 내장하만(內藏賀萬)인데, 내장하무(內藏賀茂)로도 썼다.
22. 망단(望斷)은 먼 곳을 향하여 똑바로 바라보지만 보이지 않는다는 뜻으로 먼 곳을 말한다.

리서 훌륭한 가르침을 받으며 조상들의 업적을 항상 갈고 닦고 있습니다.[23] 천황께서 멀리 윤음을 내려서 거듭 사신을 보내시며, 가슴에 품어 둘 만한 두터운 은혜를 베푸시고, 마음에서 우러나는 간절한 위로와 깨우침을 내려주셨습니다. 하물며 다시 글을 내리시어 전에 요청한 것을 헤아려주시고, 아울러 선물도 빠뜨리지 않으시며, 파견 연한 문제를 결정하여 왕래를 허락해 주셨으니, 오가는 편지에 다행히 허물을 피할 수 있게 되었고, 돌아보아 비호해 주심이 과거 어느 때보다도 특별한 것을 알겠습니다.

그런데, 작은 배로 큰 바다를 항해하기가 어렵다고 깨우쳐 주신 일은 받들어 잘 알았지만,[24] 6년을 기한으로 하라는 말씀은 사신 파견이 너무 늦어질까 적이 꺼려집니다. 청컨대 다시 좋은 계획을 내리시고, 아울러 두루 귀감이 될 만한 답장을 보내시길 바라오니, 파견 기한을 줄여서 처음에 건의하였던 대로 결정해 주시길 바랍니다.

그렇게 되면, 천황의 풍모를 향한 정성을 저 스스로 게을리 하지 않을 것이며, 부지런히 교화를 사모하는 태도는 고구려의 발자취를

---

23. 율수(聿修)는 《시경》〈대아 문왕〉의 "그대의 조상들을 잊지 않으려거든 항상 덕을 닦아 키워야 하며"[無念爾祖, 聿脩厥德]라는 구절에서 나온 말로서, 조상들의 업을 계승하여 발전시킨다는 뜻이다.

24. 앞서 일본에서 보낸 국서를 보면, 발해가 매년 사신을 보내겠다고 요청한 데에 대하여 작은 배로 큰 바다를 건너기가 쉽지 않으므로 6년마다 사신을 파견하라고 답변하였다.

뒤따를 수 있을 것입니다. 또 편지에서 허락하신 바와 같이 숫자는 제한하지 않겠다고 하였지만, 사신 왕래의 실정을 헤아려 파견 인원을 줄입니다.

삼가 위군대장군·좌웅위도장·상주국·개국자 대창태 등을 사신으로 삼아 파견합니다. 아울러 선물을 보내드리니, 구체적인 것은 함께 보내는 다른 편지에 적어 놓은 대로입니다. 토산물에 특별한 것이 없어서 스스로 부끄러운 줄을 잘 알고 있습니다.

6. 강왕이 일본국 환무천황에게 보내는 국서[25] (4)

숭린이 아룁니다. 사신 자야선대[26] 등이 우리나라에 도착하였는데, 천황께서 몸소 안부를 물으시니 몸둘 바를 모르겠습니다. 아울러 선물로 견·시 각 30필, 명주실 200구, 면 300둔을 보내주시어 수량대로 잘 받았습니다. 부끄러운 마음이 진실로 깊고, 후히 내려주시는 두터운 인정이 거듭되는 것을 엎드려 깨닫겠습니다.

연전에 보내드린 편지에 사신 왕래의 연한을 정해주시기를 요청

---

25. 강왕이 799년 일본 사신편에 보낸 국서로서,《일본후기》권8과《유취국
    사》권193에 실려 있다.
26. 선대(船代)는 자야숙녜선대(滋野宿禰船代)를 이르며, 자야숙녜선백(滋野
    宿禰船白)이라고도 한다.

한 적이 있었는데, 작년에 편지를 받아보니 6년[27]을 기한으로 정하신 것을 알게 되었습니다. 이에 숭린이 멀리서도 천황을 진실로 사모하는 마음을 부지런히 전하며[28] 기한을 단축시켜 주도록 다시 요청하니, 천황께서 자신의 생각을 버리고 남의 견해를 따라 제가 요청한 대로 허락해 주셨습니다. 보내드리는 예물[29]은 비록 진기한 것이 없어서 제대로 보답하지 못하겠지만, 윤허해주신 은덕을 각별히 입게 된 그 기쁨은 망극하기 그지없습니다.

근래에 천황께서 편지를 써서 명령을 내리시고, 이를 전하는 칙사가 조정에 도달하니, 아름다운 명령은 두터움을 더하고, 총애하는 징표들[30]이 온통 빛을 발하였습니다. 재상 지위에 해당하는 은혜를 입고,[31] 역시 재상 서열과 동등한 대우를 받으니,[32] 다만 제가 덕이 부족한데도 이렇게 각별한 보살핌을 받고 있다는 생각만 하게 됩니

---

27. 1기(紀)는 세성(歲星), 즉 목성이 한 번 공전하는 12년을 의미하므로, 반기(半紀)는 6년에 해당한다.
28. 치계(馳係)는 치계(馳系, 馳繫), 치념(馳念)과 같은 뜻으로서, 먼 곳에 있는 사람을 사모한다는 뜻이다.
29. 광비(筐篚)는 네모지거나 둥근 대나무 광주리로서, 여기서는 여기에 담은 진상품을 의미한다.
30. 총장(寵章)은 총애를 표시하는 징표들로서 관직, 봉후(封侯) 등을 가리킨다.
31. 섭리(燮理)는 고르게 다스린다는 뜻으로 재상의 업무를 가리키기도 한다.
32. 단규(端揆)는 모든 관료의 우두머리로서 나라 정치를 총괄하는 재상을 이른다.

다. 사신 대창태 등은 일을 홀로 처리하기[33]에 재주가 부족하고 명령을 받들기에도 능력이 없습니다만, 이들을 너그러이 받아주셨으니 기쁘고 위로됨이 갑절로 더하였습니다.

이제 가을 햇살이 잦아들며 찬바람이 부는 계절이 돌아와, 먼 나라에서 온 손님이 고향으로 돌아갈 생각을 하며 그 날을 고대하고 있습니다. 그러므로 적당한 시기가 오면 지체없이 배를 돌려보내 그들이 바라는 대로 하도록 이미 허락하였습니다. 마땅히 이들을 바래다주는 것이 도리이지만, 정해진 기일이 아직 되지 않아서 우리 사신을 동행시키지 못합니다.

삼가 돌아가는 사신 편에 보잘 것 없는 물건을 보내드리며, 구체적인 것은 함께 보내는 다른 편지에 적어 놓은 대로입니다.

---

33. 전대(專對)는 사신으로 외국에 가서 일을 스스로 전결하는 것을 이른다.

9. 후예국가[1]에 관한 고찰[屬國考]

　정안국은 본래 마한[2] 종족으로, 발해가 거란에 격파되자 그 서쪽
변방을 지키게 되었다. 송나라 태조 개보 3년(970)에 그 나라 왕 열
만화(烈萬華)가 여진 사신을 통하여 표문을 올리고 갖옷을 바쳤다.
태종 태평흥국 6년(981)에 다시 여진 사신을 통하여 표문을 올렸다.

　"정안국왕 신(臣) 오현명(烏玄明)이 아룁니다. 성스러운 임금께서
천지에 은혜를 두루 펴시고 오랑캐의 습속을 어루만지시는 시절을
삼가 만나게 되니, 신 오현명은 진실로 기쁘고 즐겁기 한량없어 그
저 고개를 숙일 따름입니다.

　신은 본래 고구려 땅에서 살던 발해 유민으로서, 한 쪽 귀퉁이를
차지하여 여러 해를 지내왔는데, 우러러 크나큰 덕을 받고 가없는

1.　속국(屬國)은 한 나라에 부속되어 있는 국가란 의미도 있지만, 이처럼
　　후예국가란 의미로도 쓰인다.
2.　고구려를 마한(馬韓)이라고도 하였는데, 여기서는 그 후예 국가인 발해
　　를 가리키는 것으로 보아야 할 것이다.

은혜를 입어, 각기 적절한 자리를 얻어 타고난 천성을 지킬 수 있게 되었습니다. 그런데 근년에 거란이 강포한 힘만 믿고 우리 영토를 침략하여 성채를 함락시키고 백성들을 사로잡아 갔으나, 저의 할아버지께서 절개를 지켜 항복하지 않고 백성들과 함께 난을 피하여 겨우 목숨을 부지하고 힘을 길러 지금에 이르게 되었습니다. 또 부여부가 근래에 거란에서 등을 돌려 우리나라에 귀순하였으니, 재앙이 장차 이르게 되면 이보다 큰 것이 없을 것입니다.

그러므로 마땅히 천자의 조정으로부터 비밀 계획을 듣고, 정예의 군사를 거느려 거란 토벌을 돕고자 합니다. 기필코 원수를 갚고 싶으니, 감히 명령을 거역하는 일은 없을 것입니다. 신 오현명은 진실로 간절히 원하며 삼가 고개를 숙입니다.

원흥 6년 10월 일, 정안국왕 신 오현명이 성스러운 황제 앞에 표문을 올립니다."

태종이 은혜로운 조서를 내려 회답을 하였으니, 이때에 송나라가 거란을 토벌하려 하였기 때문이다.

단공 2년(989)에 그 나라의 왕자가 여진 사신을 통하여 말 및 수리 날개가 달린 소리 화살[雕羽鳴鏑]을 바쳤다. 순화 2년(991)에는 그 나라 왕자 태원(太元)이 여진 사신을 통하여 표문을 올렸으나, 그 뒤로는 보내지 않았다. 고려 현종 9년(1018)에 정안국 사람 골수(骨須)가 고려로 망명하였다.

《渤海考》原文

渤海國

(遼界全地, 及併東北諸夷. 起于唐玄宗癸丑, 亡于後唐莊宗丙戌,[1]
傳世十三王, 以後無攷, 歷年二百十四年.)

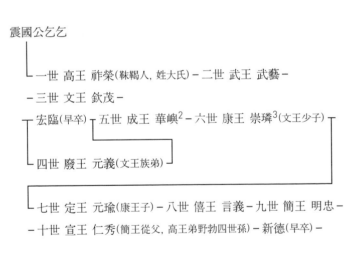

震國公乞乞

└─一世 高王 祚榮(靺鞨人, 姓大氏) ─ 二世 武王 武藝 ─
─三世 文王 欽茂 ─
┌─宏臨(早卒) ┬五世 成王 華璵[2] ─ 六世 康王 崇璘[3](文王少子) ┬
│   │
└─四世 廢王 元義(文王族弟) ─┘   │
┌──┘
└─七世 定王 元瑜(康王子) ─ 八世 僖王 言義 ─ 九世 簡王 明忠 ─
─十世 宣王 仁秀(簡王從父, 高王弟野勃四世孫) ─ 新德(早卒) ─

---

1. '丙戌'은 '丙戌'의 잘못이다.
2. '華璵'는 '華璵'의 잘못이다.

- 十一世王 彜震(宣王孫, 新德子) - 十二世王 虔晃 -

- 十三世王 玄錫(世系史闕)⁴ -

- 王 諲譔(亡入契丹) (附)興遼主(高王七代孫. 又有烏舍城浮渝府琰府王)

---

3. 책에서 강왕(康王)의 이름으로 '嵩璘'과 '崇璘'을 혼용하고 있다. 사료에
    는 '嵩璘' 또는 '嵩鄰'으로 나오는데, '嵩璘'이 옳은 이름으로 판단된다.

4. 《신당서》에 13대 왕 대현석(大玄錫)까지만 실려 있고 그 이후는 기록이
    없다. 또 마지막 왕은 《요사》(遼史)를 통하여 대인선(大諲譔)임이 알려져
    있다. 따라서 13대 왕과 마지막 왕 사이에 몇 명의 왕이 있었는지 정확
    히 알 수가 없지만,《당회요》(唐會要)에 대위해(大瑋瑎)의 이름이 보이므
    로 최소한 1명의 왕이 더 있었음이 확인된다. 이들 자료를 토대로 14대
    왕 대위해, 15대 왕 대인선으로 부르고 있다. 대위해의 존재는 20세기
    전반에 황유한(黃維翰), 김육불(金毓黻)에 의해 처음으로 확인되었다.

渤海考序(成海應)

泠齋柳公惠甫嘗撿中秘書, 得渤海事, 比唐書渤海傳, 益加
詳, 編其世系傳記地理等爲一卷. 渤海太氏, 起於粟末水, 粟
末卽今混同江也. 太氏以區區之衆, 雄張於東北, 能交聘鄰國,
文辭爛然, 而職官品服與夫州府建置, 頗倣效唐制. 五京十五
府, 其南京南海府, 今南關也, 其東京柵城府, 今北關也, 其
西京鴨綠府, 今關西之北境也, 其餘二京十五府, 亦皆在鴨綠
豆滿二江之外, 與我境不遠. 是時高麗新滅, 唐雖建安東都護
以鎭之, 然荒遠不治, 其民多徙江淮而地空. 所以渤海漸侵年
自大者, 數百年, 爲契丹所滅. 夫自肅愼以後, 或稱勿吉, 或
稱靺鞨, 或稱渤海, 其部帳之盛衰興滅, 固不足道. 方其忿鷙
魁傑, 負力怙氣, 屯結山林, 互相傾奪, 跳踉自恣, 有足以考,
其得失之跡, 而彊事[1]進退, 山川險阻, 皆可爲籌國者所當究
解. 但賈耽郡國志, 簡而不備, 脫脫遼史, 又多繆誤, 金史雖

---

1. '彊事'는 '疆事'를 의미한다.

詳, 其山名水名, 多茫然無徵. 惠甫素明於地理之學, 其所援据辨核, 皆秩然有序, 如南海府定爲咸興, 柵城府定爲鏡城. 獨以鴨綠府謂在江界東北二百里鴨綠江北, 余以其所領神桓諸州觀之, 在江南而不在江北也. 公之費精罷力, 考校尋繹, 爲此書者, 固出於好奇, 非欲人知之. 然人苟能詳閱, 得其開創設置之意, 則有裨於經濟之策者不細, 而知者鮮少, 顧漫棄之, 可勝惜哉.

渤海考跋(李圭景)

渤澥[1], 海東盛國也, 雖在荒裔, 必有石室之藏, 而文獻無
徵, 何也. 疑其丕亡, 屢經大難, 盡歸燒燼, 無人留心於傳後,
故到今則幾不知渤海之爲何國, 可慨也. 夫我國古籍, 素稱難
攷, 豈有若是之陋邪. 泠齋柳公得恭氏, 非徒詩學之博洽警絶
而已, 兼有董狐之筆. 嘗嘆渤海之無稽, 廣摭史傳, 博採事實,
編撰此書, 深得史家體裁, 卷凡四目凡五, 於是擧世始知有渤
海之立國於東方矣. 渤澥之亡迨千載, 幸逢先生, 得有史册之
垂傳, 令人可感. 異日補東史者, 因此修潤, 大書特書曰, 東
史闕文, 渤澥無攷, 志士齎咨, 柳某補亡, 逸史復傳云爾, 則
其於先生, 大有光焉. 若渤海之蹟, 外此可求, 則僧顏[2]渤海行
年記十卷 · 唐張建封[3]渤海國記三卷及唐書 · 遼史 · 宋史 · 三國

---

1. 이 글에서는 '渤海'를 '渤澥'와 혼용하고 있다.
2. 《송사》예문지에 '曾顏'으로 나온다.
3. '張建封'은 '張建章'의 오류이다.

史·高麗史·日本逸史·李益齋櫟翁稗說·許眉叟渤海列傳·韓
久菴海東地理誌·李星湖僿說·李厚菴紀年兒覽·王考紀年兒
覽·盛京通志等書在矣. 乙亥, 與會心人, 擬輯小華叢書, 敢
將此編, 列于史之類, 謹跋于篇後.

　乙亥暮春祓禊日, 五洲居士李圭景跋.

讀渤海攷

(皇城新聞 1910년 4월 28일 2면 論説)

柳惠風 渤海攷序에 曰渤海史를 不修ᄒᆞ니 高麗의 不振홈을 知
ᄒᆞ리로다 ᄒᆞ얏스니 氏ᄂᆞᆫ 實로 國家와 民族에 關ᄒᆞ야 歷史力이 重
要ᄒᆞᆫ 것을 深知ᄒᆞᆫ 者라 謂ᄒᆞᆯ지로다 夫歷史者ᄂᆞᆫ 人民의 國性을 培
養ᄒᆞᄂᆞᆫ 要素오 祖宗의 彊土를 保守ᄒᆞᄂᆞᆫ 契券이오 國家의 光榮을
發表ᄒᆞᄂᆞᆫ 文章이오 民族의 系統을 維持ᄒᆞᄂᆞᆫ 譜牒인 故로 曰何國
을 勿論ᄒᆞ고 宗敎와 歷史가 不亡ᄒᆞ면 其國이 不亡이라 홈이 豈不
信哉리오 大抵 渤海의 建國歷史로 言ᄒᆞ면 高句麗의 宗社가 邱
墟됨이 渤海高王이 餘燼을 收拾ᄒᆞ야 一呼에 四拾萬衆을 得ᄒᆞ야
五千里版圖를 開拓ᄒᆞ얏스며 武王이 支那의 登州를 攻ᄒᆞ야 其刺
史를 誅ᄒᆞ야 先王의 恥를 雪ᄒᆞ고 南交日本ᄒᆞ며 西通突厥ᄒᆞ야 外
交를 發展ᄒᆞ얏스며 文王이 禮樂文物을 修明ᄒᆞ야 蔚然히 海東盛
國의 譽를 四海에 發表ᄒᆞ얏스니 其彬彬郁郁ᄒᆞᆫ 菁華가 萬代史家
의 眼目를 啓發ᄒᆞᆫ 者가 不一而足ᄒᆞᆯ지어늘 高麗五百年間에 文人
學士들이 全不收拾ᄒᆞ야 三百年名國의 歷史로 ᄒᆞ야곰 冷烟荒草
를 化ᄒᆞ야 隨風飄滅에 影響이 不存케 ᄒᆞ얏스니 是其罪가 一이오

渤海는 高句麗의 遺族이라 同族의 國이 盛衰興亡흔 歷史를 對호야 全然히 愛惜호는 思想도 無호고 收拾홀 注意도 無호얏슨즉 況且 同族을 爲호야 扶顚持危홀 義擧가 有호깃는가 是其罪가 一이오 渤海의 疆土는 高句麗의 版圖라 五千里山河가 即我祖先의 所有니 渤海史를 按호면 西로 可히 契丹에게 責還호며 北으로 可히 女眞에게 責還호야 我의 疆土를 不失호야 東洋世界에 一大强國의 勢力을 擴張홀지어늘 乃高麗의 文人學士들이 此를 他人의 疆土로 等視호야 五京拾三府의 赫赫흔 版圖로 호야곰 異域에 淪沒케 호고 東南一隅에 蹙處호야 弱小흔 邦國을 自做호얏스니 是其罪가 一이로다

鳴呼라 五百年間에 一個史學家가 此에 見及흔 者ㅣ未有호얏스니 誰가 國粹를 保存호며 國光을 發揮호리오 余ㅣ于是에 吾國史學家의 疎謬흠을 痛恨호고 且國家와 民族에 對호야 歷史의 關係가 重要흠을 益信호노니 一般史學家는 前輩의 謬轍를 不蹈호고 拾分精力을 亝加호야 四千年歷史의 神聖흔 光彩를 益益發達케 흠을 顯視不已호노라

渤海考序(朴齊家)

余嘗西踰鴨綠, 道靉陽至遼陽, 其間五六百里, 大抵皆大山深谷. 出狼子山, 始見平原無際, 混混茫茫, 日月飛鳥, 升沈于野氣之中. 而回視東北諸山, 環天塞地, 亙若畫一, 向所稱大山深谷, 皆遼東千里之外障也. 乃喟然而歎曰, 此天限也. 夫遼東, 天下之一隅也, 然而英雄帝王之興, 莫盛於此, 蓋其地接燕齊, 易覘中國之勢. 故渤海大氏, 以區區散亡之餘, 劃山外而棄之, 猶足以雄視一方, 抗衡天下. 高麗王氏, 統合三韓, 終其世, 不敢出鴨綠一步, 則山川割據得失之跡, 槪可以見矣. 夫婦人之見, 不踰屋脊, 孩提之遊, 僅及門閾, 則固不足語垣墻之外矣. 士生新羅九州之內, 錮其目而廢其耳, 且不知漢唐宋明興亡戰伐之事, 而況於渤海之故哉. 吾友柳君惠風, 博學工詩, 嫺於掌故, 旣撰廿一都詩註, 以詳域內之觀. 又推之爲渤海考一卷, 人物郡縣世次沿革, 組縷纖悉, 錯綜可喜. 而其言也, 歎王氏之不能復句驪舊疆也, 王氏之不復舊疆, 而鷄林樂浪之墟, 遂貿貿焉, 自絕於天下矣. 吾於是有以知前見之相符, 而歎柳君之才, 能審天下之勢, 闞王霸之略.
又豈特備一國之文獻, 與胡恢馬令之書,[1] 挈其長短而已哉.
故序而論之如此.

上之九年秋.

---

1. 박제가의 문집인 《정유집》(貞蕤集)에 실린 '渤海考序'에는 "與葉隆禮汪 楫之書"로 나온다(국사편찬위원회 편찬, 탐구당 발행, 1971, 245쪽 참조).

渤海考 自序

　　高麗不修渤海史, 知高麗之不振也. 昔者高氏居于北, 曰高
句驪, 扶餘氏居于西南, 曰百濟, 朴昔金氏居于東南, 曰新羅,
是爲[1]三國, 宜其有三國史, 而高麗修之, 是矣. 及[2]扶餘氏亡
高氏亡, 金氏有其南, 大氏有其北, 曰渤海, 是謂南北國, 宜
其有南北國史, 而高麗不修之, 非矣. 夫大氏者[3]何人也, 乃
高句驪之人也, 其所有之地何地也, 乃高句驪之地也, 而斥其
東斥其西斥其北而大之耳. 及夫金氏亡大氏亡, 王氏統而有
之, 曰高麗, 其南有金氏之地則全, 而其北有大氏之地則不
全, 或入於女眞, 或入於契丹. 當是時爲高麗計者, 宜急修渤
海史, 執而責諸女眞曰, 何不歸我渤海之地, 渤海之地, 乃高
句驪之地也, 使一將軍往收之, 土門以北可有也. 執而責諸契

1.　'爲'는 《泠齋集》권7(국립중앙도서관 소장)에 '謂'로 되어 있다.
2.　《영재집》에는 '及'이 없다.
3.　《영재집》에는 '者'가 없다.

丹曰, 何不歸我渤海之地, 渤海之地, 乃高句驪之地也, 使一
將軍往收之, 鴨綠以西可有也. 竟不修渤海史, 使土門以北鴨
綠以西, 不知爲誰氏之地, 欲責女眞而無其辭, 欲責契丹而無
其辭. 高麗遂爲弱國者, 未得渤海之地故也, 可勝歎哉. 或曰,
渤海爲遼所滅, 高麗何從而修其史乎, 此有不然者. 渤海憲象
中國, 必立史官. 其忽汗城之破也, 世子以下奔高麗者, 十餘
萬人, 無其官則必有其書矣, 無其官無其書, 而問於世子, 則
其世可知也, 問於隱繼宗,[4] 則其禮可知也, 問於十餘萬人, 則
無不可知也. 張建章唐人也, 尙著渤海國記, 以高麗之人, 而
獨不可修渤海之史乎. 嗚呼文獻散亡, 幾百年之後, 雖欲修之,
不可得矣. 余以內閣屬官,[5] 頗讀秘書,[6] 撰[7]次渤海事, 爲君臣
地理職官儀章物産國語國書屬國九考. 不曰世家傳志, 而曰考
者, 未成史也, 亦不敢以史自居云. 甲辰閏三月二十五日.[8]

---

4. '隱繼宗'은 《영재집》에 '其大夫隱繼宗'이라 하였다.
5. '余以內閣屬官'은 《영재집》에 '余在內閣'으로 나온다.
6. '頗讀秘書'는 《영재집》에 '頗讀中秘書'로 나온다.
7. 《영재집》에는 '撰' 앞에 '遂'자가 더 있다.
8. 《영재집》에는 '甲辰閏三月二十五日'의 구절이 없다.

目錄

引用書目

舊唐書	劉煦[1]
新唐書	宋祁
五代史	歐陽修
宋史	脫脫
遼史	脫脫
資治通鑑	司馬光
三國史	金富軾
高麗史	鄭麟趾
東國通鑑	徐居正
續日本記	管野朝臣眞道
日本逸史	
通典	杜佑
通志	鄭樵
文獻通考	馬端臨
文獻備考	
大明一統志	
清一統志	
盛京通志	
萬姓統譜	淩迪知
永順太氏族譜	
輿地勝覽	
全唐詩	

---

1. '煦'는 '昫'의 잘못이다.

渤海考

儒州 柳得恭惠風撰 醉香山樓藏

君考

1. 震國公

震國公姓大氏, 名乞乞仲象, 粟末靺鞨人也, 粟末靺鞨者, 臣於高句麗者也. 或言大氏, 出自大庭氏, 東夷之有大氏, 自大連始也. 唐高宗總章元年, 高句麗滅, 仲象與子祚榮, 率家屬徙居營州, 稱舍利, 舍利者, 契丹語帳官也. 武后萬歲通天二年, 契丹松漠都督李盡忠歸誠州刺史孫萬榮叛唐陷營州, 殺都督趙文翽, 仲象懼, 與靺鞨酋乞四比羽及高句麗破部, 東走渡遼水, 保太白山之東北, 阻奧婁河, 樹壁自固. 武后封仲象爲震國公, 比羽爲許國公, 比羽不受命, 武后詔玉鈐[1]衛大將軍李楷固中郎將索仇, 擊斬比羽, 是時仲象已卒.

1. '鈐'은 '鈐'의 잘못이다.

2. 高王

高王諱祚榮，震國公子也，嘗爲高句麗將，驍勇善騎射．及震國公卒，乞四比羽敗死，祚榮遁．李楷固窮躡度天門嶺，祚榮引高句麗靺鞨兵大破之，楷固僅以身免．祚榮卽幷比羽之衆，據挹婁之東牟山，靺鞨及高句麗舊人悉歸之．遂遣使交突厥，略有扶餘沃沮朝鮮弁韓海北十餘國，東窮海，西契丹，南接新羅，以泥河爲界，地方五千里，戶十餘萬，勝兵數萬，學習書契，俗與高句麗契丹略同．聖曆中，國號震(新唐書作振，文獻備考曰震朝)，自立爲震國王，築忽汗城以居，直營州東二千里．時奚契丹皆叛唐，道路阻絶，武后不能致討焉．中宗卽位，遣侍御史張行岌，慰撫之，王亦遣子入侍．玄宗先天二年，遣郞將崔訢，册王左驍衛大將軍渤海郡王，以所統爲忽汗州，領忽汗州都督，始去靺鞨號，專稱渤海．自是以後，世朝獻唐，與幽州節度府相聘問，屯勁兵於扶餘府，以備契丹．玄宗開元七年王薨，三月丙辰赴唐．

3. 武王

武王諱武藝，高王子也，初封桂婁郡王．開元七年六月丁卯，唐以左監門率吳思謙，攝鴻臚卿，充使吊祭，册王左驍衛大將軍忽汗州都督渤海郡王．王遂改元仁安，開斥土宇．因其俗不

立館驛, 處處置村落, 以靺鞨爲民, 大村置都督, 次曰制史,[2]
其下曰首領, 東北諸夷, 皆畏而臣之. 開元十四年, 黑水靺鞨
使者入朝, 唐玄宗以其地建黑水州, 置長史臨總. 王召羣臣,
謀曰, 黑水始假道於我, 與唐通, 異時請吐屯於突厥, 皆先告
我, 與我使偕行. 今請唐官不吾告, 是必與唐謀, 腹背攻我也.
乃遣弟門藝及舅雅雅相,[3] 發兵擊黑水. 門藝諫不從, 奔唐, 由
是貳於唐. 開元二十年, 遣大將張文休, 率海賊, 越海攻登州,
殺刺史韋俊, 謂之雪先王之恥, 其實限[4]門藝事也. 玄宗大怒,
命右領軍將軍葛福順, 發兵討之. 二十一年, 又遣門藝, 發幽
州兵擊之. 又遣內史高品何行成太僕員外郎金思蘭, 使新羅,
授新羅王金興光開府儀同三司, 持節充寧海軍使鷄林州大都
督, 諭曰, 渤海外稱藩翰, 內懷狡猾, 今欲出兵問罪, 卿亦發
兵擊其南鄙. 又勅新羅名將金庾信孫允中爲將, 賜金帛. 新羅
王遣允中等四將, 率兵會唐師來伐, 會大雪丈餘, 山路阻隘,
士卒凍死過半, 皆罷歸. 明年, 新羅人金忠信上書於唐, 請奉
旨歸國, 討渤海, 玄宗許之, 竟無功, 而黑水之地, 皆服於渤
海矣. 王遣使聘日本, 日本使朝臣蟲麻呂來. 開元二十六年(舊

---

2. '制史'는 '刺史'의 잘못이다.
3. '雅雅相'은 '任雅相'의 잘못이다.
4. '限'은 뜻으로 보아 '恨'을 잘못 쓴 것이다.

唐書作二十五年), 王薨, 八月辛巳赴唐.

4. 文王

文王諱欽茂, 武王子也, 改元大興. 開元二十六年, 唐遣內侍段守簡, 冊王左驍衛大將軍忽汗州都督渤海郡王. 王承詔赦境內, 遣使隨守簡入朝. 玄宗授王左金吾大將軍. 天寶中, 累加特進太子詹事賓客. 天寶末, 徙上京. 訖玄宗之世, 凡二十九朝唐. 肅宗至德元載, 平盧留後徐歸道遣果毅都尉行柳城縣四府經略判官張元澗來聘曰, 今載十月 當擊安祿山, 王須發兵四萬, 來援平賊. 王疑其有異, 留之. 十二月丙午, 歸道果鴆劉正臣于北平, 潛與祿山幽州節度使史思明, 通謀擊唐. 安東都護王志玄知其謀, 率精兵六千餘人, 攻破柳城, 斬歸道, 自稱平盧節度, 進屯北平. 四載四月, 志玄遣將軍王進義來聘曰, 天子已歸西京, 迎太上皇于蜀, 居別宮, 勦滅賊徒, 故遣下臣來告. 王爲其事難信, 留進義, 別遣使詳問. 肅宗賜王勅書一卷. 寶應元年, 詔以渤海爲國, 進封渤海國王, 授檢校太尉. 代宗大曆二年至十年, 或間歲, 或歲內二三, 遣使朝唐. 十二年正月, 王獻日本舞女十一人及方物于唐. 四月十二月, 又遣使朝唐, 累加司空太尉. 德宗建中三年五月, 貞元七年正月八月, 十年正月, 皆遣使朝唐. 貞元中, 復徙東京. 王十遣使聘日本, 日本使朝臣田守來, 忌村全成來, 陽侯史玲璆來, 連益麻呂來, 武生鳥守來, 朝臣殿繼來. 大興五十七年三月四日, 王薨, 卽貞元十年.

5. 廢王

廢王諱元義, 文王族弟也. 文王子宏臨早卒, 元義立一歲, 猜虐, 國人弒之.

6. 成王

成王諱華與,[5] 宏臨子也. 國人弒元義, 推立王. 改元中興, 還上京.

7. 康王

康王諱崇璘, 文王少子也, 改元正曆. 貞元十一年二月乙巳, 唐遣內常侍殷志瞻,[6] 册王右驍衛大將軍忽汗州都督渤海國

---

5. '與'는 '璵'의 잘못이다.
6. '殷志瞻'은 '殷志贍'으로도 나온다.

王. 十四年, 王遣使, 以父王故事叙理, 唐加王銀青光祿大夫檢校司空, 進封國王. 二十一年, 遣使朝唐. 貞元中, 凡四朝唐. 順宗加王金紫光祿大夫. 憲宗元和元年十月, 加王檢校太尉. 十二月, 遣使朝唐. 王二遣使聘日本, 日本使眞人廣岳來, 宿彌賀茂來, 宿彌船白來. 元和四年, 王薨, 正月赴唐.

8. 定王

定王諱元瑜, 康子[7]子也, 改元永德. 元和四年, 唐册王銀青光祿大夫檢校秘書監忽汗州都督渤海國王. 五年二遣使朝唐. 七年.

9. 僖王

僖王諱言義, 定王弟也, 改元朱雀. 定王卒, 王權知國務. 元和八年正月庚子, 唐遣內侍李重旻, 册王銀青光祿大夫檢校秘書監忽汗州都督渤海國王.

---

7. '子'는 '王'의 잘못이다.

10. 簡王

簡王諱明忠, 僖王弟也, 改元太始, 立一歲薨.

11. 宣王

宣王諱仁秀, 簡王從父, 高王弟野勃四世孫也, 改元建興.
簡王薨, 王權知國務. 元和十三年正月乙巳, 遣使告喪于唐.
五月唐册王銀青光祿大夫檢校秘書監忽汗州都督渤海國王.
王南定新羅, 北略諸部, 開大境宇. 十五年閏正月, 遣使朝唐,
唐加王金紫光祿大夫檢校司空. 十二月, 又遣使朝唐. 元和中,
凡十六朝唐. 穆宗長慶二年正月, 四年二月, 皆遣使朝唐. 長
慶中, 凡四朝唐. 敬宗寶曆中, 二朝唐. 文宗太和元年, 遣使
朝唐. 四年, 又遣使朝唐. 是年(舊唐書五年), 王薨.

12. 王彝震

宣王孫也. 父新德早卒, 王立, 改元咸和. 大和五年, 唐册
王銀青光祿大夫檢校秘書監忽汗州都督渤海國王. 六年遣使
朝唐. 七年正月二月, 皆遣使朝唐. 訖文宗之世, 凡十二朝唐.
武宗會昌中, 四朝唐. 宣宗大中十二年王薨, 二月赴唐.

13. 王虔晃

彝震弟也, 大中十二年二月癸未, 唐詔襲王.

14. 王玄錫

虔晃子也, 懿宗咸通中, 三遣使朝唐.

15. 王諲譔

史失系. 梁太祖朱全忠開平元年, 王遣王子朝梁, 獻方物.
二年三年及乾和二年, 又遣使朝梁. 後唐莊宗同光二年, 遣
王子朝唐, 又遣王姪. 明宗天成元年, 遣使朝唐, 進兒口女口.
渤海自唐世, 數遣諸生, 詣京師太學, 習識古今制度, 稱爲海
東盛國. 及至朱梁後唐三十年間, 貢士登科者, 十數人, 學士
彬彬焉. 遼太祖耶律阿保機神冊二年, 王遣使聘遼. 四年遼修
遼陽故城, 掠渤海戶實之. 天贊三年, 王遣兵攻遼, 殺遼州刺
史張秀實, 掠其民而歸. 四年十二月乙亥, 遼主詔其國中曰,
所謂二事, 一事已畢, 惟渤海世讐未雪, 豈宜安住. 遂擧兵來
寇, 皇后及太子倍大元帥堯骨從. 閏十二月壬辰, 遼主祀[8]木

---

8. '祀'는 '祠'의 잘못이다.

葉山, 壬寅以青牛白馬, 祭天地, 己酉次撒葛山,[9] 射鬼箭, 丁巳次高嶺, 是夜遼兵圍扶餘府. 天顯元年正月己未, 白氣貫日, 庚申扶餘城陷, 守將死之. 遼又別攻東平府, 破之. 丙寅老相兵敗. 是夜遼太子倍大元帥堯骨南部宰相蘇以院[10]夷离董斜涅赤南院夷离董迭里等, 圍忽汗城. 己巳王請降. 庚午遼主駐軍忽汗城南. 辛未王素服藁索牽羊, 率臣僚三百餘人出降, 遼主禮以遣之. 丙子遼主使其近侍康末恒[11]等十三人, 入城索兵器, 爲邏卒所殺. 丁丑王復城守, 斜涅赤等復攻破之, 遼主入城, 王請罪馬前, 遼主以兵衛王及王族以出. 二月丙午, 遼改渤海國爲東丹, 忽汗城爲天福, 封其太子倍爲人皇王, 以主之. 乙酉遼主以王及王族歸, 築城于臨潢之西, 使王居之. 賜王名曰烏魯古, 王后名曰阿里只, 烏魯古阿里只者, 遼主及皇后受王降時, 所乘二馬名也, 因以其馬, 賜王及后.

16. 興遼主

名延琳, 高王七代孫也, 仕遼爲東京舍利軍詳穩. 初東遼之

---

9. '撒葛山'은 '撒葛山'의 잘못이다.
10. '以院'은 '北院'의 잘못이다.
11. '恒'은 '怛'의 잘못이다.

地, 自神册中附, 遼末[12]有榷沽鹽麴之法, 關市之征亦寬弛.
及馮延休韓紹勳等, 相繼爲戶部使, 以燕山平地[13]之法繩之,
民不堪命. 燕又仍歲大饑, 副使王嘉獻計造船, 使其民諳海事
者, 漕粟以賑燕, 水路艱險, 多覆沒. 雖言不信, 鞭楚榜掠, 民
怨思亂. 遼聖宗太平九年八月丁丑, 延琳殺紹勳及嘉, 以快其
衆, 復殺四捷軍都指揮使蕭頗得, 囚留守駙馬都尉蕭孝先, 國
號興遼, 舉位號, 改元天慶(高麗史曰天興), 選智勇之士, 置左
右. 於是諸部響應, 南北女眞皆附, 而高麗與遼絶. 先是延琳
與副留守王道平謀舉事, 又召黃翩於黃龍府, 道平夜踰城, 走
與黃翩, 俱上變, 遼主徵諸道兵, 攻之. 渤海太保夏行美渤海
人也, 時主兵戍保州, 延琳馳書, 使吕統帥耶律蒲古. 行美以
實告蒲古, 殺渤海兵八百人, 而斷其東路, 黃龍保州旣皆不
附. 國舅詳穩蕭匹敵, 又率兵斷西路, 延琳遂分兵攻瀋州, 節
度副使張傑聲言欲降, 故不急攻, 知其詐而已有備, 攻之, 不
克而還. 遼兵大集, 十月, 遼以南京留守燕王蕭孝穆爲都統,
蕭匹敵爲副部署, 六部大王[14]蕭蒲奴爲都監, 與戰蒲水中, 遼
兵卻, 匹敵蒲奴張左右翼, 擊之, 延琳兵潰. 又戰于手山敗走,

---

12. '遼末'의 '遼'는 잘못 들어간 글자이고, '末'은 '末'의 잘못이다.
13. '燕山平地'는 원 사료에 '燕地平山'으로 나온다(《요사》권17 및 권59).
14. '六部大王'의 앞에 '奚'자가 누락되어 있다.

入城固守. 孝穆築重城起樓櫓, 內外不相通, 城中撤屋以爨,
蒲奴先據高麗女眞要衝, 故無救兵. 十年八月丙午, 延琳將楊
詳世, 密送款於遼, 夜開門納遼師, 延琳被執. 是時諸部豪傑
吼山等兵蜂起, 尋皆敗滅, 獨南海城守堅守, 經年始降.

17. 烏舍城浮渝府琰府王

史失名. 宋太宗太平興國六年, 賜王詔曰, 朕纂紹丕基, 奄
有四海, 普天之下, 罔有率俾. 眇太原封域, 國之保障, 頃因
竊據, 遂相承襲, 倚遼爲援, 歷世逋誅. 朕前歲親提銳旅, 盡
護諸將, 拔並門之孤壘, 斷匈奴之右臂, 眷言吊伐, 以蘇黔黎.
蠢玆北戎, 非理搆怨, 輒肆荐食, 犯我封界. 日昨出師逆擊,
斬獲甚衆. 今欲鼓行深入, 席卷長驅, 焚其龍庭, 大殲醜類.
素聞爾國密邇寇讐, 迫於呑並, 力不能制, 因而服屬, 困於率
割. 當靈旗破賊之際, 是隣邦雪憤之日, 所宜盡出族帳, 佐予
兵鋒. 俟其剪滅, 沛然封賞, 幽薊土宇, 復歸中朝, 朔漠之外,
悉以相與. 勖乃協乃,[15] 朕不食言. 是時宋欲大擧伐遼, 故有
是詔.

---

15. '勖乃協乃'는 원 사료에 '勖乃協力'으로 되어 있다(《송사》 권490, 〈발해〉).

按忽汗城之破, 在遼太祖天顯元年, 後唐明宗天成元年.
人謂是時渤海已亡, 然而遼史稱太祖有君人之德, 以其不滅
渤海族帳也. 聖宗統和十四年, 蕭韓家奴奏曰, 渤海高麗女
眞, 合從連衡. 二十一年, 渤海來貢. 開泰中, 南部[16]宰相大
康乂言, 蒲蘆毛朶[17]界多渤海人, 乞取之, 詔從之, 領兵至大
石河駝準城, 掠數百戶而歸. 又親征渤海黃皮室軍. 五代史
云, 訖周世宗顯德, 渤海使常來. 宋史宋琪傳, 琪論邊事曰,
渤海兵馬土地, 盛於奚帳, 雖勉事契丹, 俱懷殺主破國之怨.
文獻通考云, 阿保機攻扶餘城下之, 爲東丹府, 阿保機死, 諲
譔命其弟, 率兵攻扶餘城, 不克而還. 天成四年, 長興二年三
年四年, 淸泰二年三年, 俱遣使貢方物. 宋太宗淳化二年冬,
以渤海不通朝貢, 詔女眞攻之. 胡三省云, 渤海更五代至於
宋, 耶律雖數加兵, 不能服也. 以此觀之, 渤海未嘗亡也. 其
浮渝府琰府王, 雖不言姓名, 見太宗詔, 可知其爲大氏之裔
也. 然則渤海之亡, 在何時, 未可考.

---

16. '南部'는 '南府'의 잘못이다.

17. '蒲蘆毛朶'는 원 사료에는 '蒲盧毛朶'로 나온다(《요사》 권88,〈大康乂傳〉).

臣考

1. 大門藝 大壹夏 馬文軌 蔥勿雅

門藝武王弟也. 武王使門藝, 擊黑水靺鞨, 門藝嘗質於唐, 知利害, 謂王曰, 黑水請吏而我擊之, 是背唐也. 唐大國, 兵萬倍我, 與之産怨, 我且亡. 昔高句麗盛時, 士三十萬, 抗唐爲敵, 可謂雄强, 唐兵一臨, 掃地盡矣. 今我衆比高句麗三之一, 王將違之, 不可. 王不從强遣之, 兵至黑水境, 又以固謙.[1] 王怒遣從兄壹夏代將, 將召文藝[2]而殺之. 門藝懼, 棄其衆, 儳路奔唐, 玄宗拜爲右驍衛將軍. 王遣馬文軌蔥勿雅, 上書極言門藝罪狀, 請殺之. 唐處門藝安西, 好報曰, 門藝窮來歸我, 誼不可殺, 已投之嶺南矣. 並留文軌勿雅, 別遣鴻臚少卿李道邃源復諭旨. 王知之, 上書言, 大國示人以信, 豈有欺誑之理. 今聞門藝不向嶺南, 伏請依前殺却. 玄宗怒道邃復不

---

1. '謙'은 원사료에 '諫'으로 되어 있다.
2. '文藝'는 '門藝'의 잘못이다.

能督察官屬, 致有漏泄, 左除道鋆曹州刺史, 復同州[3]刺史, 暫
遣門藝詣嶺南以報之. 王望門藝不已, 密遣使入東都募客, 刺
門藝於天津橋南, 門藝格之, 得不死. 玄宗勅河南, 捕[4]捕刺客
悉殺之.

2. 大野勃 大宏臨 大新德

野勃高王弟也, 宏臨文王世子也, 新德宣王世子也.

3. 任雅相 張文休

雅相武王舅也, 文休武王大將也.

4. 大常淸 大貞翰 大淸允

貞元七年正月, 文王使常淸朝唐, 唐授衛尉卿同正, 還國.
貞翰淸允, 皆文王時王子也. 貞翰貞元七年八月朝唐, 請備宿
衛. 淸允貞元十年正月朝唐, 唐授右衛將軍同正, 其下三十餘

---

3. '同州'는 '澤州'의 잘못이다.
4. '捕'는 잘못하여 한 자가 더 들어간 것이다[衍字].

人, 拜官有差.

5. 大能信 茹富仇

能信康王姪也, 富仇官虞侯妻蕃長都督. 貞元十四年, 康王
遣使朝唐. 是年十一月, 唐授能信左驍衛中郎將, 授富仇右武
衛將軍, 放還國.

6. 大叡

長慶四年二月, 宣王遣叡等五人朝唐, 請備宿衛.

7. 大明俊 高寶英 大先晟

明俊彝震時王子也. 大和六年, 王遣明俊等朝唐. 寶英官同
中書右平章事. 大和七年正月, 王遣朝唐, 謝冊命, 因遣學生
三人, 請赴上都學問, 先遣學生三人, 事業稍成, 請歸本國,
唐許之. 先晟亦彝震時王子也. 是年二月, 王遣先晟等六人朝
唐, 唐詩人溫庭筠送渤海王子歸本國詩曰, 疆理雖重海, 車書
本一家, 盛勳歸舊國, 佳句在中華, 定界分秋漲, 開帆到曙霞,
九門風月好, 回首是天涯.

8. 高元固

元固訪唐進士徐寅於閩中, 爲道本國人, 以金書寅斬蛇劍御溝水人生幾何三賦, 列爲屛障. 寅喜而贈詩, 稱爲渤海賓貢高元固先輩. 其詩曰, 折桂何年下月中, 閩山來問我雕蟲, 肯銷金翠書屛上, 誰把菊藭過日東, 剗子[5]昔時遭孔聖, 由余往代諷秦宮, 嗟嗟大國金門士, 幾箇人能振素風. 其曰先輩曰折桂者, 已成進士之稱也. 徐寅中乾寧[6]進士, 時依王審知, 元固當誆諆時人.

9. 大元兼

誆諆侄也, 官學堂親衛. 後唐同光二年, 王遣朝唐, 試國子監丞.

10. 高仁義 德周 舍那婁 高齋德[7]

仁義官寧遠將軍郎將, 德周游將軍果毅都尉, 舍那婁別將,

---

5. '剗子'는 '郯子'의 잘못이다.
6. '中乾寧'은 '乾寧中'의 잘못이다.
7. '高齋德'은 '高齊德'으로도 나온다.

218 · 渤海考

齋德首領. 武王時同使日本, 着蝦夷境, 仁義以下十六人, 被
殺害, 齋德與八人, 走出羽國菫免. 致國書, 與其使朝臣蟲麻
呂俱來. 獻綵帛一十疋綾一十疋絁二十疋絲一百鉤[8]綿二百屯.

11. 胥要德 巳珍蒙[9] 巳闕棄蒙[10]

要德官若忽州都督忠武大將軍,[11] 珍蒙雲麾將軍, 棄蒙首領.
文王時同使日本, 要德船覆, 與棄蒙等四十人俱死. 倭皇御太
極殿, 觀珍蒙射. 又御中宮, 使珍蒙奏本國樂聽之, 附獻美濃
絁三十疋絹十疋[12]絲一百五十絇調綿二[13]百屯. 初日本入[14]朝
臣廣成等朝唐, 回從蘇州入海, 漂着昆崙國, 多被殺執, 廣成
與八人, 僅免復歸唐, 從登州入海, 到渤海界, 王令隨要德等
歸國.

---

8. 원사료에 '絇'로 나오나 서로 통용된다.
9. '巳珍蒙'은 원사료 '已珍蒙' 또는 '己珍蒙'으로 나온다.
10. '巳闕棄蒙'은 원사료에 '已闕棄蒙' 또는 '己闕棄蒙'으로 나온다.
11. '忠武大將軍'은 '忠武將軍'의 잘못이다.
12. '十疋'은 '三十疋'의 잘못이다.
13. '二'는 '三'의 잘못이다.
14. '日本入'은 '日本人'의 잘못이다.

12. 慕施蒙

官輔國大將軍. 文王時, 率七十五人, 使日本, 以王旨, 問十餘年無使之故. 倭皇答書援高句麗舊記, 責國書違例.

13. 楊承慶 楊泰師 馮方禮

承慶官輔國將軍,[15] 泰師歸德將軍, 方禮判官, 文王時同使日本. 初日本使朝臣田守等, 來問大唐消息, 歸言於倭皇曰, 天寶十四載歲次乙未十一月九日, 御史大夫兼范陽節度使安祿山, 舉兵作亂, 自稱大燕聖武皇帝, 改范陽爲靈武郡, 其宅爲潛龍宮, 年號聖武. 留其子安慶緒, 知范陽郡事, 自將精騎二十餘萬南下, 直入洛陽, 署置百官. 天子遣安西節度使哥舒翰, 將三十萬衆, 守潼津關, 使大將封常清, 將十五萬衆, 別圍洛陽. 天寶十五載, 祿山遣將軍孫孝哲等, 率二萬騎, 攻潼津關. 哥舒翰壞潼津岸, 墜黃河, 絕其通路而歸. 孝哲鑿山開路, 引兵入至新豐. 六月六日, 天子游[16]于劍南. 七月甲子, 皇太子璵卽皇帝位于靈武都督府,[17] 改元至德矣. 並言安東都護

---

15. '輔國將軍'은 '輔國大將軍'의 잘못이다.

16. '游'는 원사료에 '遜'으로 나온다.

17. '靈武都督府'는 원사료에 '靈武郡都督府'로 나온다.

王志玄,[18] 聘渤海, 天子賜渤海勑勅書事. 倭皇下令于太宰府曰, 安祿山者, 是狂胡狡豎也. 違天起逆, 事必不利, 疑其不能西, 必還掠海東. 大貳吉備朝臣眞備, 俱[19]是碩學, 委以重任, 宜知此狀, 預設奇謀. 縱使不來, 儲備無悔. 其所謀上策及應備雜事, 一一俱錄報來. 至是承慶等至日本, 倭皇授承慶正三位, 泰師從三位, 方禮從五位下, 賜錄事以下十九人. 仍使忌村全成, 隨承慶來, 欲自渤海迎其入唐大使朝臣河淸. 獻絹三十疋[20]美濃絁三十疋絲二百絇綿三百屯錦四疋兩面二疋纈羅四疋白羅十疋綵帛三十疋[21]白錦[22]一百帖.

14. 高南甲[23] 高興福 李能本 安貴寶

南甲官輔國大將軍兼將軍玄菟州刺史兼押衛官[24]開國公, 興福副使, 能本判官, 貴寶解臂. 文王時同使日本, 以中臺牒報

---

18. '王志玄'은 '王玄志'의 잘못이다.
19. 원사료에는 길비조신진비 앞에 다른 사람이 더 언급되어 있으므로 '俱'자를 사용하였으나, 여기서는 필요없다.
20. '三十疋'은 '四十疋'의 잘못이다.
21. '三十疋'은 '四十疋'의 잘못이다.
22. '錦'은 '綿'의 잘못이다.
23. '高南甲'은 '高南申'의 잘못이다.
24. '押衛官'은 '押衙官'의 잘못이다.

日, 迎藤原河清使, 總九十九人, 大唐祿山思明, 前後作亂, 內
外騷荒, 恐被害殘. 只遣頭首高元度等十一人, 往迎河清, 卽差
此使, 同爲發遣. 南甲等與其使陽侯史玲璓俱來. 獻絁三十疋美
濃絁三十疋絲二百絇綿三百屯. 能本後爲王新福副, 再使日本.

15. 楊方慶

文王時, 以賀正使朝唐. 日本迎河清使高元度隨往.

16. 王新福 楊懷珍 達能信

新福官紫綬大夫行政堂左允開國男, 懷珍判官, 能信品官
着緋. 文王時, 率二十三人, 同使日本. 新福爲倭皇言唐事
曰, 李家太上少帝並崩, 廣平王攝政, 年穀不登, 人民相食.
史家朝義稱聖武皇帝, 性有仁恕, 人物多附, 兵鋒甚强, 無敢
當者. 鄧州襄陽已屬史家, 李家獨有蘇州, 朝參之路, 固未易
通. 是行也, 李能本爲副.

17. 壹萬福 慕昌拜[25]

萬福官靑綬大夫, 昌拜副使. 文王時, 率三百二十五人, 駕

船十七隻, 同使日本, 着出羽國. 倭皇以國書違例, 並信物物[26]不受. 萬福再拜, 據地而泣曰, 君者彼此一也, 臣等歸國, 必當有罪. 遂改授國書, 代王申謝. 倭皇授萬福從三位, 與王書曰, 今省來書, 頓改文道, 日下不註官品姓名, 書尾虛陳天孫僭號. 且高氏之世, 兵亂無休, 爲假朝威, 彼稱兄弟, 今王曾無事故而稱甥,[27] 於禮失矣. 後歲之使, 不可更然. 獻美濃絁三十疋絹三十疋絲二百絇調綿二[28]百屯. 昌拜卒於日本, 萬福與其使武生鳥守俱來, 遭風漂着能登國, 客主僅免. 日本遣渤海船, 名能登, 以禱于船神有驗, 授其船從五位下, 賜錦冠, 其冠錦表絁裏, 紫組纓.

18. 烏須弗

文王時, 使日本, 着能登國, 國司問故. 須弗以書報曰, 渤海日本, 久來好隣, 往來朝聘, 如兄如弟. 近年日本內雄等, 住渤海國, 學問音聲, 却返本國, 今經十年, 未報安否. 由是

---

25. '慕昌拜'는 원사료에 '慕昌祿'으로 나온다.
26. '物'자 하나는 잘못 들어간 글자이다.
27. '稱甥'은 원사료에 '稱舅甥'으로 나온다.
28. '二'는 '三'의 잘못이다.

差大使壹萬福等, 遣向日本國, 擬於朝參, 稍經四年, 未返本
國. 更差大使烏須弗等四十人, 面奉詔旨, 更無餘事. 所附進
物及來書, 並在舡內. 大政官以表函違例不受. 又曰, 渤海使
取此道而來, 前有禁斷, 自今以後, 宜依舊例, 從筑紫道來.

19. 史都蒙 高祿思 高鬱琳 高淑源 史道仙 高珪宣

都蒙官獻可大夫司賓少令開國男, 祿思大判官, 鬱琳少
判官, 淑源判官, 道仙大錄事, 珪宣少錄事. 文王時, 率
一百八十七人, 同使日本, 赴王妃喪, 兼賀倭皇卽位. 遭風漂
沒, 僅存四十六人, 淑源及少錄事一人亦死. 日本人問, 烏須
弗歸時, 大政官處分, 渤海使宜依舊例, 向太宰府, 不得取此
路而來, 今違約束, 其事如何. 都蒙等對曰, 實承此旨, 故都
蒙等, 發自樊邑[29]南府[30]吐號浦, 西指對馬島竹室之津, 而海
中遭風, 着此禁境, 失約之罪, 更無所避. 日本又欲以十六人,
別留海岸, 都蒙曰, 此猶割一身而分背, 失四體而蒲伏, 日本
乃聽同入. 倭皇御重閣,[31] 觀騎射, 都蒙與焉. 與其使朝臣殿

---

29. '樊邑'은 '弊邑'의 잘못이다.

30. '南府'는 '南海府'의 잘못이다.

31. 원문에 '重閣' 다음에 한 칸이 비어 있는데, 원사료에는 '重閣門'으로 나
온다.

繼俱來. 獻絹五十疋[32]絲二百鉤綿三百屯, 都蒙請加附, 又獻
黃金小一百兩水銀大一百兩金漆一缶[33]海石榴油一缶水精念
珠四貫檳榔扇十枚, 贐王后絹二十疋絁二百疋[34]綿二百屯.

20. 張仙壽

官獻可大夫司賓小令,[35] 文王時, 使日本, 以王旨, 言朝臣
殿繼等失路, 漂着遠夷之境, 船破, 爲造舡二艘領歸. 倭皇內
射, 仙壽與焉.

21. 高伴粥[36] 高說昌

伴粥押領, 說昌通使. 文王時, 同使日本, 日本以國書違例
不受, 又責不由筑紫道. 銕[37]利官人爭坐說昌之上, 大政官爲
異其班位. 伴粥舡破, 日本給舡九隻以歸.

---

32. '絹五十疋' 다음에 '絁五十疋'이 누락되었다.
33. '金漆一缶' 다음에 '漆一缶'가 누락되었다.
34. '絁二百疋'은 원사료에 '絁二十疋'로 나온다.
35. '小令'은 '少令'의 잘못이다.
36. '高伴粥'의 '伴'자는 '泮', '洋', '渾'으로도 나오고, '粥'자는 '鬻'로 나온다.
37. '銕'은 '鐵'의 옛 글자이다.

22. 呂定琳

官庭諫大夫[38]工部郎中. 康王時, 率六十人,[39] 使日本, 漂着夷地志理波村被掠, 人多散亡. 出羽國言狀, 倭皇置越後國供給. 定琳致在唐學問日本僧永忠書於倭皇, 倭皇附答書.[40]

23. 大昌泰

官慰(疑卽衛)軍大將軍左熊衛都將上柱國開國子. 康王時, 使日本, 倭皇御太極殿引見, 爲減四拜, 爲二拜不拍手. 又搆綵殿以享之. 渤海使舶, 多着能登國, 倭修飾其停宿之處.

24. 高南容 高多佛

－ 此下七人, 不知何王時.

南容再使日本, 其國或宴於鴻臚館, 或宴於朝集院. 與其使宿彌東人俱來, 東人以國書不據, 棄之而去. 多不以酋領[41]隨南

---

38. '庭諫大夫'는 원사료에 '匡諫大夫'로 나온다.
39. '六十人'은 '六十八人'의 잘못이다.
40. '荅書'는 '答書'를 말한다.
41. '多不以酋領'은 '多弗以首領'의 잘못이다.

容, 脫留越前國, 倭置之越中國給食, 使習語生等, 學渤海語.

25. 王孝廉 高景秀 高莫善[42] 王昇基

孝廉大使, 景秀副使, 莫善昇基判官, 同使日本. 倭皇授孝廉從三位, 景秀正四位下, 莫善昇基正五位下, 又賜祿事[43]以下祿. 唐越州人周光翰言升則等, 自日本隨使者來.

26. 王文矩

使日本, 倭皇御豊樂殿, 宴五位以上, 文矩爲擊毬, 倭皇賜綿二百屯.

27. 衛鈞

官銕州刺史. 遼天顯元年正月, 忽汗城破, 七月鈞城守, 遼大元帥堯骨率師來攻, 乙丑城陷.

---

42. '高莫善'은 원사료에 '高英善'으로 나온다.
43. '祿事'는 '錄事'의 잘못이다.

28. 大素賢

官司徒. 忽汗城破, 素賢降遼, 遼拜爲東丹國次相.[44] 太宗
會同三年, 東京宰相耶律羽之, 言其貪墨, 見黜.

29. 高模翰

一名松, 有膂力善騎射, 好讀兵,[45] 忽汗城破, 避地高麗. 高
麗王妻以女, 因罪亡歸遼, 屢立戰功, 官至中臺省左相, 封悊
郡開國公. 遼史自有傳.

30. 諲譔諸臣史失名者

遼天顯元年正月庚申, 扶餘城陷, 守將死之.

遼天顯元年正月丙寅, 王使老相, 統兵三萬禦遼. 遼先鋒惕
隱安端北部宰相蕭阿古只, 將萬騎至. 老相戰敗, 降于遼, 遼
拜爲東丹國右大相.

遼天顯元年二月庚寅, 安邊鄚頡南海定理四府節度使, 皆
降于遼.

---

44. '次相'은 '左次相'의 잘못이다.
45. '好讀兵'은 원사료에 '好談兵'으로 나온다.

遼天顯元年三月, 安邊鄭頡定理三府復城守, 遼惕穩安端帥
師來攻. 丁丑三府皆敗, 壬午安邊將二人死之.[46]

遼天顯元年五月, 南海定理二府復城守, 遼大元帥堯骨帥師
來攻. 六月丁酉, 二府皆敗.

長嶺府, 自忽汗城破始[47]時, 城守不下. 遼天顯元年三月戊
午, 遼夷离畢康默記左僕射韓延徽, 率師來攻. 至七月辛巳遼
主殂, 述律后決軍國事. 八月辛卯城陷.

忽汗城破後, 已降郡縣復城守, 諸部蜂起, 遼阿古只與康默
記討之. 有游騎七千自鴨綠府來, 勢張甚, 阿古只一戰克之,
斬二千餘級, 進軍破回跋城.

31. 申德

官將軍. 高麗太祖八年九月丙申, 與其屬五百人, 奔高麗.
是歲遼攻渤海, 明年忽汗城破.

---

46. 원사료에는 '誅殺'한 것으로 되어 있다.
47. '破始'는 '始破'의 잘못이다.

32. 大和鈞 大均老 大元鈞 大福謨 大審理

和鈞均老官禮部卿, 元鈞官司政, 福謨官工部卿, 審理官左右衛將軍. 高麗太祖八年九月庚子, 率民一百戶, 奔高麗.

33. 冒豆干 朴漁

冒豆干官左首衛小將, 漁官檢校開國男. 高麗太祖八年十二月戊子, 率民百戶, 奔高麗.

34. 吳興 僧戴雄[48]

興官工部卿. 高麗太祖十年三月甲寅, 與其屬五十人, 奔高麗. 戴雄亦與其徒六十人, 隨興奔高麗.

35. 金神

高麗太祖十一年三月戊申, 率六千戶,[49] 奔高麗.

---

48. '戴雄'은 '載雄'의 잘못이다.
49. '六千戶'는 '六十戶'의 잘못이다.

36. 大儒範

高麗太祖十一年七月辛亥, 率民奔高麗.

37. 隱繼宗

高麗太祖十一年九月丁酉, 與其屬奔高麗. 太祖引見於天德殿, 繼宗等三拜, 人謂失禮, 大相含弘曰, 失土人三拜, 古之禮也.

38. 洪見

高麗太祖十二年六月庚申, 以船二十艘, 載人物, 奔高麗.

39. 大光顯

 – 光顯子道秀, 顯宗時爲大將. 後孫金就, 高宗時爲大將, 伐蒙古有功, 封永順君, 遂爲永順太氏, 其以大爲太, 未知在何時.

諲譔世子也. 高麗太祖十七年七月, 率衆數萬, 奔高麗. 太祖賜姓名王繼, 附之宗籍, 特授元甫, 守白州, 以奉其祀, 賜僚佐爵軍士田宅有差. 其後遼遣使, 遺高麗太祖橐駝五十匹. 太祖以契丹與渤海嘗連和, 忽生疑貳, 不顧舊盟, 一朝殄滅,此爲無道之甚, 不足遠結爲隣, 絶其交聘, 流其使三十人于海島, 繫槖駞萬夫橋下, 皆餓死.

40. 陳林

高麗太祖十七年十二月, 與其屬一百六十人, 奔高麗.

41. 朴昇

高麗太祖二十一年, 率三千餘戶, 奔高麗.

42. 崔烏斯

－ 文獻通考曰, 烏斯羅.

周世宗顯德初, 烏斯與其屬三十人歸周, 蓋其酋豪也.

43. 大鸞河 李勛

宋太宗太平興國四年, 平晉陽, 移兵幽州, 鸞河率小校李勛等十六人, 部族三百騎投降, 太宗以爲渤海都指揮使. 九年春, 太宗宴大明殿, 召鸞河, 慰撫久之. 謂殿前都校劉延翰曰,鸞河渤海豪帥，束身歸我，嘉其忠順．夫夷落之俗，以馳騁爲樂，俟高秋戒候，當與駿馬數十匹，令出郊遊獵，以遂其性．因以繒錢十萬並酒賜之．

地理考

五京

上京	龍泉府
中京	顯德府
東京	龍原府
南京	南海府
西京	鴨綠府[1]

十五府

龍泉府	肅愼古地
顯德府	肅愼古地, 在龍泉府南.
龍原府	濊貊古地, 亦曰柵城府, 爲日本道.
南海府	沃沮古地, 爲新羅道.
鴨綠府	高句麗古地, 爲朝貢道.

---

1. '鴨綠府'는 원사료에 '鴨淥府'로 나온다.

長嶺府	高句麗古地, 爲營州道.
扶餘府	扶餘古地, 爲契丹府.[2]
鄭頡府	扶餘古地
定理府	挹婁古地
安邊府	挹婁古地
率賓府	率賓古地
東平府	拂涅古地
銕利府	銕利古地
懷遠府	越喜古地
安遠府	越喜古地

六十二州

龍泉府三州	龍州 湖州 渤州
顯德府六州	盧州 顯州 銕州 湯州 榮州 興州
龍原府四州	慶州 鹽州 穆州 賀州
南海府三州	沃州 晴州[3] 椒州
鴨綠府四州	神州 桓州 豐州 正州
長嶺府二州	瑕州 河州

扶餘府二州	扶州 仙州

扶餘府二州　　扶州 仙州

鄚頡府二州　　鄚州 高州

定理府二州　　定州 瀋州[4]

安邊府二州　　安州 瓄州[5]

率賓府三州　　華州 蓋州[6] 建州

東平府五州　　伊州 蒙州 沱州 黑州 比州

鋲利府六州　　廣州 汾州 蒲州 海州 義州 歸州

懷遠府九州　　達州 越州 懷州 紀州 富州 美州 福州 邪州

　　　　　　　　芝州

安遠府四州　　寧州 郿州 慕州 常州

三獨奏州　　　郢州 銅州 涑州

右見新唐書, 稱六十二州, 而只列六十州. 清一統志有郭州,
而今不載, 知唐書之有遺也. 其五京之制, 上京龍泉府者, 今
之寧古塔也, 中京顯德府者, 今之吉林也, 東京龍原府者, 今
之鳳凰城也, 南京南海府者, 今之海城縣也, 西京鴨綠府者,
今未可考, 而當在鴨綠江近處. 然則以龍原爲東京, 以鴨綠爲

---

4. ‘瀋州’는《요사》〈지리지〉에 ‘瀋州’로 되어 있으나,《신당서》〈발해전〉에
　는 ‘潘州’로 나온다.
5. ‘瓄州’는《신당서》〈발해전〉에 ‘瓊州’로 나오는데, 같은 글자이다.
6. ‘蓋州’는《요사》에 ‘蓋州’로 나오나,《신당서》〈발해전〉에는 ‘益州’로 나온다.

西京者, 可疑. 豈鳳凰城以西, 復有一鴨綠江, 如遼陽之浿水歟. 置朝貢道於鴨綠者, 以海路通唐也. 考諸日本逸史, 鄧州襄陽爲朝衆之路, 良然. 南海府之爲新羅道, 亦以海路通新羅也. 文獻通考及淸一統志, 以鴨綠爲朝鮮道, 是時無朝鮮, 當從新唐書.

顯德府	本朝鮮之地, 卽平壤城. 周武王以封箕子, 漢末爲公孫度所據, 晉時陷於高句麗, 唐置安東都護, 爲大氏所有, 中宗賜名忽汗州.
龍原府	東南濱海, 高句麗慶州. 疊石爲城, 周圍二十里. 唐薛仁貴伐高句麗, 擒善射於石城, 卽此.
鴨綠府	高句麗故國城, 高三丈, 廣輪二十里.
東平府	唐李世勣[7]征高句麗, 拔遼城, 程名振蘇定方大破高句麗兵於新城, 皆此地. 有遼河羊腸河錐子河蛇山狼山黑山巾子山.
鍒州	漢安市縣, 高句麗安市城, 唐太宗攻之不下, 薛仁貴白衣登城, 卽此.

---

7. '李世勣'은 '李世勣'의 잘못이다.

湯州	漢襄平縣.
輿州	漢海平縣.[8]
慶州	太保山黑河之地.
桓州	高句麗中都城, 刱立宮闕, 謂之新國. 王釗爲慕容皝所敗, 宮室焚蕩, 卽此.
蓋州	後改辰州, 以辰韓得名, 井邑駢列, 最爲衝會, 卽高句麗蓋牟城. 唐太宗會李世勣,[9] 攻破之, 是也.
涑州	有涑沫江, 卽曰涑沫水, 卽涑沫鞨所居.

顯德府 *郡一*

杉盧	或稱縣, 隸盧州.

龍原府 *郡三*

龍河	或稱縣, 隸鹽州.
會農	或稱縣, 隸穆州.
吉理	或稱縣, 隸賀州.

---

8. '海平縣'은 원사료에 '海冥縣'으로 나온다.
9. '李世勣'은 '李世勣'의 잘못이다.

鴨綠府 _{郡二}

盤安	隸豐州.
沸流	隸正州. 沸流王古地, 有沸流水, 爲公孫康所並.

銕利府 _{郡一}

銕利	隸州未詳. 漢襄平地, 高句麗當山縣.

府州未詳 _{郡三}

安定	
銅山	高句麗東山縣,[10] 在龍泉府南, 漢侯城縣北, 多山險.
安寧	藁離國故地.

龍泉府 _{縣五}

富利 長平	並隸龍州.
貢珍	隸渤州.
肅愼 佐慕	並隸州未詳.

---

10. '東山縣'은 '銅山縣'의 잘못이다.

顯德府 縣二十六

山陽

漢陽

白巖

霜巖　　　古陴離郡地, 漢屬險瀆縣. 並隸盧州.

永豐　　　隸顯州. 神仙傳, 仙人白仲理能煉神丹,

　　　　　點黃金, 以救百姓, 卽此地. 漢遼隊縣.

位城 河瑞[11] **蒼山** 龍珍　　　並隸銕州.

靈巖[12] **常豐** 白石 **均谷** 嘉利　　並隸湯州.

盛吉 蒜山 **銕山**　　　並隸興州.

長寧

金德　　　或稱常樂. 漢沛水縣, 高句麗縣.[13]

鷄山　　　漢居就縣. 昔丁令威家此, 去家千年, 化鶴

　　　　　來歸, 集於華表柱, 以咮畫表云, 有鳥有鳥

　　　　　丁令威, 去家千年今來歸, 城郭雖是人民

　　　　　非, 何不學仙冢纍纍.

花山　　　漢望平縣.

---

11. ‘河瑞’는《요사》〈지리지〉에 ‘河端’으로 나온다.

12. ‘靈巖’은《요사》〈지리지〉에 ‘靈峯’으로 나온다.

13. ‘高句麗縣’은《요사》〈지리지〉에 ‘高麗改爲勾麗縣’으로 나온다.

紫蒙 　　　　　　漢鏤芳縣, 拂涅國置東平府於此.

崇山 **溈水** 綠城 奉集 　　　　並隷州未詳.

龍原府 縣十五

龍原

永安

烏山

壁谷

熊山 　　　　　　薛仁貴征高句麗, 與其將溫沙門, 戰熊山,

　　　　　　　　卽此.

白楊 　　　　　　並隷慶州.

海陽 接海 格川 　　　並隷鹽州.

水岐 順化 美縣 　　　並隷穆州.

洪賀 送誠 石山 　　　並隷賀州.

南海府 縣十六

天晴 神陽 蓮池 狼山 仙巖 　　並隷晴州.[14]

椒山 貂嶺 澌泉 尖山 巖淵

---

14. '晴州'는 '睛州'의 잘못이다.

並隷椒州. 東界新羅, 西北[15]故平壤城, 東北
至海州一百二十里.

沃沮 鷲嶺[16] 龍山 濱海 昇平 靈泉 　並隷州未詳.

鴨綠府 縣十
桓都 神鄉 溟水[17] 　　　　並隷桓州.
神鹿 神化 劍門 安豐 渤恪 隰壤 硤石 並隷州未詳.

扶餘府 縣十一
布多 扶餘 顯義 鵲川 强師 新安 漁谷 永寧 豐水 扶羅 永平
　　　　並隷州未詳.

懷遠府 縣九
富壽 優富 　　　　並隷富州.
山河 黑川 麓川 　　並隷美州.
越喜 懷福 豹山 乳水 並隷州未詳.

---

15. '西北'은 '西南'의 잘못이다.
16. '鷲嶺'은 '鷲巖'의 잘못이다.
17. '溟水'는 《요사》〈지리지〉에 '淇水'로 나온다.

242 · 渤海考

安遠府 縣二

慕化 崇平　　　　　並隸慕州.

府州未詳 縣九

長泰 豐永 熊山 靈峯 麓郡 麓波 雲川 安夷 萬安

右見遼史, 太祖東並渤海, 得城邑之居, 百有三云, 而郡縣
名可考者, 今爲百十三, 可疑.

五京十五府六十二州

多在今吉林烏喇寧古塔及朝鮮界, 其遼東古地,[18] 雖入渤海,
建置無聞, 地理志賈耽所記可考. 遼時東京州縣, 多襲其名
號, 非復古地. 遼史謂皆渤海之舊, 其實未盡然也.

龍泉府

漢三國晉地[19]挹婁國地, 後魏齊周時, 勿吉國地. 隋時靺鞨
國地, 唐時入渤海爲龍泉府. 金時上京會寧府地, 元時合蘭府

---

18. '其遼東古地'는 원사료에 '其安東府所治遼東故地'로 나온다.
19. '地'는 '時'의 잘못이다.

水達達等路. 明時建州毛隣衛等地, 今寧古塔.

顯德府

今在吉林烏喇城東南. 地理志, 自鴨綠江口, 舟行百餘里, 乃小舫溯流, 東北三十里, 至泊汋口, 得渤海之境. 又溯流五百里, 至九都[20]縣城, 故高麗王都. 又東北溯流二百里, 至神州. 又陸行四百里, 至顯州, 爲寶[21]中王所都. 按顯州卽顯德府, 唐先天二年, 賜名忽汗州, 是也. 遼史謂卽平壤城, 又以遼所置東京之顯州, 爲本顯德府地, 皆誤也.

龍原府

漢時玄菟郡地, 晉時屬平州. 隋時高句麗慶州地, 唐時屬安東都護府, 入渤海爲龍原府. 遼時開州鎭國軍, 金時石城縣. 元時屬東寧路鳳凰城, 今鳳凰城.

南海府

漢時玄菟郡地, 後屬樂浪都尉. 東漢時封沃沮, 三國時平州地. 晉以後高句麗沙卑城, 唐置蓋州, 入渤海爲南海府.

---

20. '九都'은 '丸都'를 이른다.
21. '爲寶'는 '天寶'의 잘못이다.

遼時海州南海軍, 金時澄州南海郡. 元時省入遼陽路, 明時
海州衛, 今海城縣.

扶餘府

漢時扶餘國地, 唐置黑水都督府, 入渤海爲扶餘府, 又爲龍
泉府. 遼隸東京, 金時會寧府, 陞上上京. 元時開元路, 明時三
萬衛, 今開元縣.

瀋州

漢時挹婁扶餘沃沮朝鮮等地, 三國晉時平州地. 後魏時營州
地, 齊周時高句麗地. 隋時營州地, 唐時入渤海爲瀋陽, 屬定
理府. 遼時瀋州昭德軍, 金時瀋州顯德軍. 元時瀋陽路, 明時
瀋陽中衛, 今奉天府. 通志云, 有粤婁河,[22] 注曰粤婁卽挹婁.

盖州

漢時西盖馬縣, 三國時平州地. 晉以後高句麗地, 唐時高句
麗盖牟城, 太宗取其地置盖州. 入渤海仍置盖州, 後改辰州.
遼時辰州奉國軍, 金時盖州奉國軍. 元時盖州, 明時盖州衛,

---

22. '粤婁河'는 '奧婁河'의 잘못이다.

今革平縣.[23]

富州

漢時挹婁國地, 隋時越喜國地. 唐時入渤海爲富州, 屬懷遠
府. 遼時銀州富國軍, 金時新興縣. 元時省, 明時鐵嶺衛, 今
鐵嶺縣.

杉盧郡

漢時玄菟郡地, 晉以後高句麗地. 唐時置金州, 入渤海爲杉
盧郡. 遼時化成縣, 金時蘇州安復郡.[24] 元時屬盖州路, 明時
金州衛, 今寧海縣.

忽汗河

今名虎爾哈河, 源出吉林烏喇界, 東北流經古會寧城北. 又
九十餘里, 繞寧古塔城南, 復折而北流七百餘里, 入混同江.
唐時謂之忽汗河, 大氏置忽汗州. 新唐志云, 渤海王城, 臨忽
汗海. 金時名金水, 俗謂金爲按出虎, 亦稱按出虎水, 是爲金

---

23. '革平縣'은 '盖平縣'의 잘못이다.
24. '遼時化成縣, 金時蘇州安復郡'은 원사료에 "遼爲蘇州安復郡, … 金皇統
三年, 降爲化成縣"이라 하였으므로, 내용이 뒤바뀌었다.

源. 明一統志, 忽兒海河, 北流入松花江, 是也.

上京城

在今寧古塔城西南. 唐書曰, 天寶末, 大武藝[25]徙上京, 直
舊國三百里, 忽汗河之東. 賈耽曰, 自安東都護府, 東北經古
蓋牟新城, 又經渤海之長嶺府, 千五百里, 至渤海王城. 以此
考之, 當在寧古塔西南境, 與上京相近. 明一統志, 金滅遼,
設都於渤海上京, 是也.

平壤

漢樂浪郡, 後爲高句麗王所都, 亦曰長安城, 一名王儉城.
唐平高句麗, 置安東都護府於此, 後沒於渤海, 在今朝鮮界內.

郭州

唐置郭州, 渤海因之. 後屬於遼, 載記, 遼以鴨綠江北與高
麗, 高麗築興鉉通龍龜郭六城, 今在朝鮮界內.

慕州城

本渤海安遠府, 在淥州西二百里. 淥州卽鴨綠府, 在今朝鮮界內.

---

25. ‘大武藝’는 ‘大欽茂’의 잘못이다.

右見淸一統志, 得渤海之地於我國境內者三, 曰平壤, 曰郭州, 曰慕州, 而謂郭州在鴨綠之北, 慕州在鴨綠之西, 則亦可疑也. 按新羅統合後, 東北以泉井郡爲界, 今德源郡也, 西北以唐岳縣爲界, 今中和府也. 自中和以東祥原遂安谷山, 以抵于德源, 皆其邊塞也. 其外咸鏡平安二道之地, 皆爲渤海有矣. 及新羅之衰, 弓裔始定浿西十三鎭, 平壤城主黔用及甑城赤衣黃衣賊明貴等皆降. 是時渤海與契丹, 未及交兵, 而已失其南鄙於弓裔也. 及契丹破渤海, 所經理者, 只鴨綠以北, 故鴨綠以南渤海郡縣沿革, 遼史闕焉, 無以考也. 唐書云, 渤海南接新羅, 以泥河爲界, 文獻備考曰, 泥河當在德源界內者, 非也. 以遼史考之, 浿水一名泥河, 生䕽芌草, 故亦稱䕽芌濼水, 此指遼東京之水也. 遼東京者, 卽今遼陽縣也, 遼史, 以東京, 謂卽渤海中京顯德府, 本箕子所封平壤城也. 淸一統志辨之甚詳, 蓋遼史以東京爲平壤, 故又載浿水焉. 其所謂一名泥河之浿水, 乃我國平壤之浿水, 今大同江也, 新羅渤海分界處, 正在大同一帶耳.

職官考

1. 文職

宣詔省	左相 左平章事 侍中 左常侍 諫議
中臺省	右相 右平章事 內史 詔誥舍人
政臺省[1]	內閣相[2] (居左右相上) 左司政 右司政 (比僕射, 居左右平章事之下) 左允 右允 (比二丞)
忠部	卿 (居司政下)
仁部	卿
義部	卿 (忠仁義部, 謂之左六司)
爵倉[3]	郎中 員外

---

1. ‘政臺省’은 ‘政堂省’의 잘못이다.
2. ‘內閣相’은 ‘大內相’의 잘못이다.
3. ‘爵倉’은 ‘爵部’와 ‘倉部’의 잘못이다.

職官考 · 249

膳部	郎中 員外 (並左史[4]之支司)
智部	卿
禮部	卿
信部	卿 (智禮信部, 謂之右六司)
戎部	郎中 員外
水部	郎中 員外 (並右司[5]之支司)
中正臺	大中正 (比御史大夫, 居司政下) 小正[6]
殿中寺	大令
宗屬寺	大令
文籍院	監 少監 令
太常寺	卿
司賓寺	卿
大農寺	卿
司藏寺	令 丞
司膳寺	令 丞
胄子監	監 長

---

4. '左史'는 '左司'의 잘못이다.
5. '右司'의 '支司'에 '戎部', '計部', '水部'가 있었으므로, 계부가 누락되어 있다.
6. '小正'은 원사료에 '少正'으로 나온다.

巷伯局	侍[7]

2. 武職

左猛賁衛	大將軍 將軍
右猛賁衛	大將軍 將軍
左熊衛	大將軍 將軍
右熊衛	大將軍 將軍
左羆衛	大將軍 將軍
右羆衛	大將軍 將軍
南左衛	大將軍 將軍
南右衛	大將軍 將軍
北左衛	大將軍 將軍
北右衛	大將軍 將軍

按寧遠將軍忠武將軍雲麾將軍輔國將軍歸德將軍紫綬大夫青綬大夫獻可大夫庭諫大夫[8]上柱國開國公開國子開國男之稱, 見於續日本記日本逸史高麗史諸史, 而其制並未可考.

---

7. '侍'는 '常侍'의 잘못이다.
8. '庭諫大夫'는 원사료에 '匡諫大夫'로 나온다.

儀章考

三秩以上, 紫衣牙笏金魚.

五秩以上, 緋衣牙笏銀魚.

六秩七秩, 淺緋衣木笏.

八秩, 綠衣木笏.

遼天顯四年, 太宗幸遼陽, 使人皇王, 備乘輿羽衛以迎. 乾亨五年, 聖宗巡東京, 留守具儀衛迎車駕, 蓋故渤海儀衛云.

按宋史, 太祖問趙普, 拜禮何以男子跪, 而婦人不跪. 普問禮官, 不能對, 王溥孫貽孫, 以練達稱曰, 自唐太后朝, 婦人始拜而不跪, 大和中幽州從事張建章, 著渤海國記, 備言其事, 普大稱之. 意其書多載渤海儀文, 而東國不傳. 唐藝文志, 張建章渤海國記三卷.

物産考

太白山菟

南海昆布

柵城豉

扶餘鹿

鄚頡豕

率賓馬

顯州布

沃州綿

龍州紬

位城銕

盧城稻

湄沱湖鯽

九都李

樂遊梨

富州銀

國語考

王曰可毒夫, 曰聖上,[1] 曰基下, 命曰敎. 王之父曰老王, 母曰太妃, 妻曰貴妃, 長子曰副正,[2] 諸子曰王子. 官品曰秩.

---

1. '聖上'은 '聖王'의 잘못이다.
2. '副正'은 '副王'의 잘못이다.

國書考

1. 武王與日本國聖武天皇書

武藝啓, 山河異域, 國土不同, 延聽風猷,[1] 但增傾仰. 伏惟大王, 天朝受命, 日本開基, 奕葉重光, 本支[2]百世. 武藝忝當列國, 濫總諸蕃, 復高麗之舊居, 有扶餘之遺俗. 但以天涯[3]路阻, 海漢悠悠, 音耗未通, 吉凶絶聞.[4] 親仁結援, 庶叶前經, 通使聘隣, 始于[5]今日. 謹遣寧遠將軍郎將高仁義遊將軍果毅都尉德周別將舍那婁[6]二十四人賷狀, 並付貂皮三百

---

1. 猷 → 猷 (여기에 수록된 국서에는 잘못된 글자가 다수 나타난다. 그 중에는 유득공이 잘못 필사한 경우가 있는가 하면, 일본 역사서 자체에 잘못된 글자가 들어 있어서 근대에 들어서 활자로 인쇄된 일본《국사대계》(國史大系)에서 수정된 경우도 있다. 이를 따로 구분하지 않고 화살표로 표시하여 수정해놓겠다.)
2. 支 → 枝
3. 涯 → 崖
4. 聞 → 問
5. 于 → 乎
6. '婁' 다음에 '等'자가 누락되었다.

張奉送. 土宜雖賤, 用表獻芹之誠, 皮幣非珍, 還慚掩口之
誚. 主理有限, 披膳[7]未期, 時嗣音徽, 永敦隣好.

2. 文王與日本國聖武天皇書

欽茂啓, 山河杳絕, 國土夐遙, 仰[8]望風猷, 惟[9]增傾仰. 伏
惟天皇聖殿,[10] 至德遐暢, 奕葉重光, 澤流萬姓. 欽茂忝係[11]
朝業, 濫總如始, 義洽情深, 每修隣好. 今彼國使朝臣廣業等,
風潮失便, 漂蕩[12]投此, 每加優賞, 欲待來春放廻. 使等貪前
苦, 請乃年歸去, 祈辭[13]至重, 隣義非輕, 因備行資, 即爲發
遣. 仍差若忽州都督胥要德等充使, 領廣業等, 令送彼國. 並
附大蟲皮羆皮各七張貂[14]皮六張人蔘三十斤蜜三斛進上, 至
彼, 請檢領.

---

7. 膳 → 瞻
8. 仰 → 佇
9. 惟 → 唯
10. 殿 → 叡
11. 係 → 繼
12. 蕩 → 落
13. 祈辭 → 訴詞
14. 貂 → 豹

3. 康王與日本國桓武天皇書

(一)

哀緒已具別啓. 伏惟天皇陛下, 動止萬福, 寢膳勝常. 嵩璘視息苟延, 奄及祥制, 官僚感義, 奪志抑情. 起續洪基, 祇統先烈, 朝維依舊, 封域如初. 顧自思惟, 實荷殊[15]眷, 而滄溟括地, 浪[16]浪湧[17]天, 奉膳無由, 徒贈[18]傾仰. 謹差庭[19]諫大夫[20]工部郎中呂定琳等, 濟海起居, 兼修舊好. 其少土物, 具在別狀. 荒迷不次.

上天降禍, 祖大行大王, 以大興五十七年三月四日薨背. 善隣之義, 必聞[21]吉凶, 限以滄溟, 所以緩告. 崇[22]璘無狀招禍, 不自滅亡, 不孝罪苦,[23] 酷罰罪[24]苦. 謹狀力[25]奉啓, 荒迷不

---

15. 殊→顧
16. 浪→波
17. 湧→漫
18. 贈→增
19. 庭→匡
20. '庭諫大夫'는《일본일사》(日本逸史) 원문에 '匡諫大夫'로 되어 있다.
21. 聞→問
22. 崇→嵩
23. 苦→咎
24. 罪→罹
25. 力→另

次. 孤孫大崇[26]璘頓首.

(二)

崇[27]璘啓, 差使奔波, 貴申情禮, 佇承殊[28]眷, 瞻望徒勞. 天皇頓降敦私, 貺之使命, 佳問盈耳, 珍奇溢目, 俯仰自欣, 伏增慰悅. 其定琳等, 不料邊虞,[29] 被陷賊場, 俯垂恤存, 生還本國, 奉惟大[30]造, 去留同賴. 崇[31]璘猥以冥[32]德, 幸屬時來, 官承先爵, 土統舊封, 制命策書, 冬中錫及, 金印紫綬, 遼外光耀. 思欲修禮勝邦,[33] 結交貴國, 歲時朝覲, 桅帆相望, 而巨木掄材, 土之難長, 小船泛[34]海, 不波[35]則危, 每或[36]引海不謹,[37]

---

26. 崇→嵩

27. 崇→嵩

28. 殊→休

29. 虞→虜

30. 大→天

31. 崇→嵩

32. 冥→寡

33. 邦→方

34. 泛→汎

35. 波→沒

36. 每或→或亦

37. 謹→諧

遭罹夷害, 雖慕盛化, 如艱阻何. 儻長尋舊好, 幸許來往, 則送使雖不過二年,[38] 以玆爲限, 式作永規. 其隔年多少, 任聽被裁, 裁定之使, 望於來秋. 許以往期, 則德隣常在, 事與望則異足表不依.[39] 其所寄絹二十疋絁二十疋絲一百絢綿二百屯, 依數領足.[40] 今廣岳等, 使事略畢, 情求迨時, 便欲差人送使, 奉諭[41]新命之恩. 使等辭以未奉本朝之旨, 故致[42]淹滯, 隨意依心. 謹因回次, 奉附土物, 具在別狀. 自知鄙薄, 不勝羞愧.

(三)

崇璘啓, 使賀萬(卽賀茂也)等至, 所貺之書, 及信物絹絁各三十疋絲二百絢綿三百屯, 依數領足, 慰悅實深. 雖復巨海漫天, 滄波浴日, 路無倪限, 望斷雲霞, 而巽氣送帆, 指期舊浦, 軋[43]涯斥候, 無闕粮糧.[44] 豈非彼此契齊, 暗符人道, 南北

---

38. 二年 → 卅
39. '事與望則異, 足表不依.'는 '事與望異, 則足表不依.'의 잘못이다.
40. '足'은 '之'로도 쓴다.
41. 諭 → 謝
42. 致 → 不敢
43. 軋 → 乾
44. 糧 → 粮

義感, 特叶天心者哉. 崇[45]璘苾有舊封, 纘承先業, 遠蒙善獎, 聿修如常. 天皇遙降德音, 重貺使命, 恩從[46]懷抱, 慰諭[47]殷勤.[48] 況復俯記片書, 眷依前請, 不遺信物, 許以年期, 書疏之間, 喜[49]免瑕纇, 庇廕之顧, 識異他時. 而一葦難航, 奉知實諭,[50] 六年爲限, 竊憚其遲. 請更貺嘉圖, 並廻通鑑, 從[51]其期限, 傍合素懷. 然則向風之趣, 自不倦於寡情, 慕化之勤, 可尋蹤於高氏. 又書中所許, 雖不限多少,[52] 聊依使者之情, 省給[53]行人之數. 謹差衛[54]軍大將軍左熊衛都將上柱國開國子大昌泰等, 充使送國, 兼封[55]附信物, 具如別狀. 土無奇異, 自知羞惡.

---

45. 崇 → 嵩

46. 從 → 重

47. 諭 → 喻

48. 殷勤 → 慇懃

49. 喜 → 嘉

50. 實諭 → 審喻

51. 從 → 促

52. 多少 → 少多

53. 給 → 約

54. 衛 → 慰

55. 封 → 奉

（四）

　　崇[56]璘啓，使船白[57]等至，枉辱休問，兼信物絁絹各三十疋
絲二百絢綿三百屯，（缺）[58]數領足，懷愧實深，嘉貺厚情，伏
知稠疊．前年附啓，請許裁量往還，去歲承書，邃以半紀爲
限．崇[59]璘情勤馳係，求縮程期，天皇舍巳[60]從人，便依所請．
筐篚攸行，雖無珍[61]奇，特見允依，荷欣何極．比者天書降
漁[62]（當作海），制使莅朝，嘉命優加，寵章總萃[63]．班沾[64]燮理，
列等端揆，惟念寡菲，殊蒙庇廕．其使昌泰等，愁[65]專對，將
命非能，而承貺優容，倍增嘉慰．而今秋暉欲暮，序惟[66]凉風，
遠客思歸，指[67]勞望日，崇迨時節，無滯廻帆，旣許隨心，正

---

56. 崇 → 嵩
57. 白 → 代
58. （缺）→ 准
59. 崇 → 嵩
60. 巳 → 己
61. 珍 → 琜
62. 漁 → 澳
63. 萃 → 華
64. 沾 → 霑
65. 愁 → 才愍
66. 惟 → 維
67. 指 → 情

宜相送，未及馹[68]限，不敢同行. 謹自[69]廻使，奉附輕尠，具
如別狀.

---

68. 馹→期
69. 自→因

屬國考

定安國本馬韓之種, 爲契丹所破, 保其西鄙. 宋太祖開寶三年, 其王烈萬華, 因女眞使, 上表獻裘. 太宗太平興國六年, 又因女眞使, 上表云, 定安國王臣烏玄明言, 伏遇聖主治天地之恩, 撫夷貊之俗, 臣玄明誠喜誠忭, 頓首頓首. 臣本以高麗舊壤, 渤海遺黎, 保據方隅, 涉歷星紀, 仰覆露鴻鈞之德, 被浸漬無外之澤, 各得其所, 以遂本性. 而頃歲契丹恃其强暴, 入寇境上, 攻破城砦, 俘略人民, 臣祖考守節不降, 與衆避地, 僅存生聚, 以迄于今. 而又扶餘府昨背契丹, 並歸本國, 灾禍將至, 無大於此. 所宜受天朝之密畫, 率勝兵而助討, 必欲報敵, 不敢違命. 臣玄明誠懇誠願, 頓首頓首. 元興六年十月日, 定安國王臣玄明表上聖皇帝前. 太宗優詔荅之, 是時宋欲討契丹故也. 端拱二年, 其王子因女眞使, 獻馬雕羽鳴鏑. 淳化二年, 其王子太元, 因女眞使上表, 其後不至. 高麗顯宗九年, 定安國人骨須來奔.

발해고 渤海考

초판   1쇄 발행일 2000년 01월 10일
개정판   1쇄 발행일 2001년 02월 23일
신개정판 1쇄 발행일 2020년 05월 25일
신개정판 2쇄 발행일 2021년 02월 01일

지은이   유득공(柳得恭)
옮긴이   송기호
발행인   이지연
주간   이미숙
책임편집   정윤정
책임디자인   이경진, 권지은
책임마케팅   이한주
경영지원   이지연

발행처   도서출판 홍익
출판등록번호 제 2020-000321 호
출판등록   2020년 08월 24일
주소   서울시 마포구 독막로18길 12, 2층(상수동)
대표전화   02-323-0421
팩스   02-337-0569
메일   editor@hongikbooks.com

ISBN   979-11-9731-061-4 (03910)

부록 《발해고》 영인본은
오른쪽에서 왼쪽으로 읽게
되어 있는 고전 편집에 따라
뒤부터 시작하게
편집되었습니다.

– 국립중앙도서관 제공

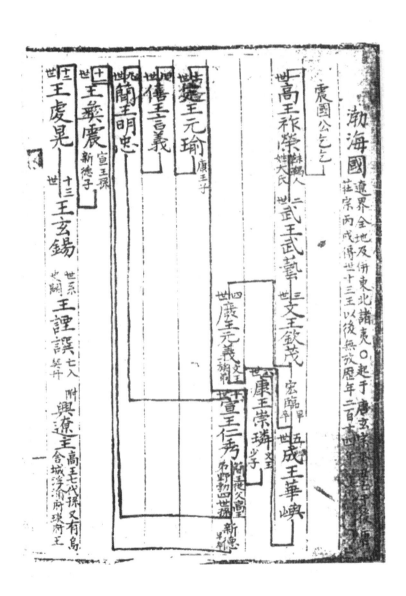

渤海國

遼界全地及伊東北諸夷。○起于唐玄宗……莊宗丙戌得世十三王以後無攷歷年二百十四年

震國公乞乞〔仲象〕

一 高王祚榮 姓大氏……人

二 武王武藝

三 文王欽茂

四 廢王元義 文王

五 成王華嶼

康王崇璘 少子

宣王仁秀

六 僖王言義

七 簡王明忠

八 遼王元瑜 康王子

九

十 王彝震 新德子 宣王孫

十一

十二 王虔晃

十三 王玄錫

世系 王諲譔 七入

附 興遼王 高王七代孫 又有烏舍城浮渝府……王

余嘗西踰鴨綠道靉陽至遼陽其間五六百里大抵皆大
山深谷出狼子山始見平原無際混混莽茫日月飛鳥升
沉于野氣之中而回視東北諸山環天塞地亘若畫一嚮
所稱大山深谷皆遼東千里之外障也乃喟然而歎曰此
天限也夫遼東天下之一隅也然而英雄帝王之興莫盛
於此蓋其地接燕齊易覘中國之勢故渤海大氏以區區
散亡之餘劃山外而棄之猶足以雄視一方抗衡天下高
麗王氏統合三韓終其世不敢出鴨綠一步則山川割據
得失之跡犖犖可以見矣夫婦人之見不踰屋脊孩提之遊

僅及門闑則固不足語垣墻之外矣士生新羅九州之內
錮其目而廢其耳且不知漢唐宋明與亡戰伐之事而況
於渤海之故哉吾友柳君惠風博學工詩媚於掌故旣撰
廿一都詩註以詳域內之觀又推之爲渤海考一卷人物
郡縣世次沿革組縷纖悉錯綜可喜而其言也歎王氏之
不能復句驪舊疆也王氏之不復舊疆而雞林樂浪之墟
遂貿貿焉自絕於天下矣吾於是有以知前見之相符而
歎柳君之才能審天下之勢闚王霸之略又豈特備一國
之文獻與胡恢焉令之書挈其長短而已哉故序而論之
如此　上之九年秋

高麗不修渤海史知高麗之不振也昔者高氏居于北曰
高句驪扶餘氏居于西南曰百濟朴昔金氏居于東南曰
新羅是爲三國宜其有三國史而高麗修之是矣及扶餘
氏亡高氏亡金氏有其南大氏有其北曰渤海是謂南北
國宜其有南北國史而高麗不修之非矣夫大氏者何人
也乃高句驪之人也其所有之地何地也乃高句驪之地
也而斥其東斥其西斥其北而大之耳及夫金氏亡大氏
亡王氏統而有之曰高麗其南有金氏之地則全而其北
有大氏之地則不全或入於女真或入於契丹當是時爲
高麗計者宜急修渤海史執而責諸女真曰何不歸我渤

海之地渤海之地乃高句驪之地也使一将軍往収之土
門以北可有也執而責諸契丹曰何不歸我渤海之地渤
海之地乃高句驪之地也使一将軍往収之鴨綠以西可
有也竟不修渤海史使土門以北鴨綠以西不知爲誰氏
之地欲責女真而無其辭欲責契丹而無其辭高麗遂爲
弱國者未得渤海之地故也可勝歎哉或曰渤海爲遼所
滅高麗何從而修其史乎此有不然者渤海憲象中國必
立史官其忽汗城之破也世子以下奔高麗者十餘萬人
無其官則必有其書矣無其官無其書而問於世子則其
世可知也問於隱繼宗則其禮可知也問於十餘萬人則

無不可知也張建章唐人也尚著渤海國記以高麗之人
而獨不可修渤海之史乎鳴呼文獻散亡幾百年之後雖
欲修之不可得矣余以內閣屬官頗讀秘書撰次渤海事
爲君臣地理職官儀章物產國語國書屬國九考不曰世
家傳志而曰考者未成史也亦不敢以史自居云甲辰閏
三月二十五日

引用書目

舊唐書 劉煦	新唐書 宋祁
五代史 歐陽修	宋史 脫脫
遼史 脫脫	資治通鑑 司馬光
三國史 金富軾	高麗史 鄭麟趾
東國通鑑 徐居正	續日本記 菅野朝臣真道
日本逸史	通典 杜佑
通志 鄭樵	文獻通考 馬端臨
文獻備考	大明一統志
清一統志	盛京通志

〈影印〉· 9

萬姓統譜　凌迪知　　　永順太氏族譜

輿地勝覽　　　　　　　全唐詩

渤海考

君考

　　震國公

　　　儒州　柳得恭惠風撰

　　　　　　　　　　醉香山樓藏

震國公姓大氏名乞乞仲象粟末鞨人也粟末鞨者
臣於高句麗者也或言大氏出自大庭氏東夷之有大氏
自大連始也唐高宗總章元年高句麗滅仲象與子祚榮
率家屬徙居營州祚舍利者契丹語帳官也武后萬
歲通天二年契丹松漠都督李盡忠歸誠州刺史孫萬榮
版唐陷營州殺都督趙文翽仲象恩與鞨酋乞四比羽

及高句麗破部東走渡遼水保太白山之東北阻奧婁河

樹壁自固武后封仲象為震國公比羽為許國公比羽不

受命武后詔玉鈐衛大將軍李楷固中郎將索仇擊斬比

羽是時仲象已卒

高王

高王諱祚榮震國公子也嘗為高句麗將驍勇善騎射及

震國公卒乞四比羽敗死祚榮遁李楷固窮蹙度天門嶺

祚榮引高句麗靺鞨兵大破之楷固僅以身免祚榮即并

比羽之眾據挹婁之東牟山靺鞨及高句麗舊人悉歸之

遂遣使交突厥略有扶餘沃沮朝鮮弁韓海北十餘國東

窟海西契丹南接新羅以泥河為界地方五十里戶十餘
萬勝兵數萬學習書契俗與高句麗契丹略同聖曆中國
號震新唐書作振文自立為震國王臭忽汗城以居直營
州東二千里時臭契丹皆叛唐道路阻絕武后不能致討
萬中宗即位遣侍御史張行岌慰撫之王亦遣子入侍玄
宗先天二年遣郎將崔訢冊王左驍衛大將軍渤海郡王
以所統為忽汗州領忽汗州都督始去靺鞨號專稱渤海
自是以後世朝獻唐與幽州節度府相聘問屯勁兵於扶
餘府以備契丹玄宗開元七年王薨三月丙辰赴唐

武王諱武藝高王子也初封桂婁郡王開元七年六月丁
卯唐以左監門率兵思謙攝鴻臚卿充使帝祭冊王左驍
衛大將軍忽汗州都督渤海郡王王遂改元仁安開斥土
宇因其俗不立館驛處處置村落以靺鞨為民大村置都
督次曰制史其下曰首領東北諸夷皆畏而臣之開元十
四年黑水靺鞨使者入朝唐玄宗以其地建黑水州置長
史臨總王臼羣臣謀曰黑水始假道於我與唐通異時請
吐屯於突厥皆先告我與我使偕行今請唐官不吾告是
必與唐謀腹背攻我也乃遣弟門藝及舅雅稚相硜兵擊
黑水門藝諫不從奔唐由是貳於唐開元二十年遣大將

張文休率海賊越海攻登州殺刺史韋俊謂之雪先王之
耻其實限門藝事也玄宗大怒命右領軍將軍葛福順發
兵討之二十一年又遣門藝發幽州兵擊之又遣內史高
品何行成太僕員外郎金思蘭使新羅授新羅王金興光
開府儀同三司持節充寧海軍使鷄林州大都督諭曰渤
海外稱藩翰內懷狡猾今欲出兵問罪卿亦發兵擊其南
鄙又勅新羅名將金庚信孫允中爲將賜金帛新羅王遣
允中等四將率兵會唐師來伐會大雪丈餘山路阻隘士
卒凍死過半皆罷歸明年新羅人金忠信上書於唐請奉
旨歸國討渤海玄宗許之竟無功而黑水之地皆服於渤

海矣王遣使聘日本日本使朝臣蟲麻呂來開元二十六

年二十五

文王

文王諱欽茂武王子也改元大興開元二十六年唐遣內
侍段守簡冊王左驍衛大將軍忽汗州都督渤海郡王王
承詔赦境內遣使隨守簡入朝玄宗授王左金吾大將軍
天寶中累加特進太子詹事賓客天寶末從上京詑玄宗
之世凡二十九朝唐肅宗至德元載平盧留後徐歸道遣
果毅都尉行柳城縣四府經略判官張元澗來聘日今載
十月當擊安祿山王湏發兵四萬來援平賊王疑其有異

留之十二月丙午歸道果鳲劉正臣于北平潛與祿山幽
州節度使史思明通謀擊唐安東都護王志玄知其謀率
精兵六千餘人攻破柳城斬歸道自稱平盧節度進屯北
平四載四月志玄遣將軍王進義来聘曰天子已歸西京
迎太上皇于蜀居別宫勦滅賊徒故遣下臣來告王為其
事難信留進義別遣使詳問肅宗賜王勑書一卷寶應元
年詔以渤海為國進封渤海國王授檢校太尉代宗大曆
二年至十年或間歲或歲內二三遣使朝唐十二月正月
王獻日本舞女十一人及方物于唐四月十二月又遣使
朝唐累加司空太尉德宗建中三年五月貞元七年正月

八月十年正月𬤝遣使朝唐貞元中復徙東京王十遣使

聘日本日本使朝臣田守来忌村全成来陽侯史玲琭来

連益麻呂來武生鳥守來朝臣殿繼來大興五十七年三

月四日王薨卽貞元十年

廢王

廢王諱元義文王族弟也文王子宏臨早卒元義立一歲

猜虐國人弑之

成王

成王諱華與宏臨子也國人弑元義推立王改元中興還

上京

康王諱崇璘文王少子也改元正曆貞元十一年二月乙
巳唐遣內常侍殷志瞻冊王右驍衛大將軍忽汗州都督
渤海國王十四年王遣使以父王故事敘理唐加王銀青
光祿大夫檢校司空進封國王二十一年遣使朝唐貞元
中凡四朝唐順宗加王金紫光祿大夫憲宗元和元年十
月加王檢校太尉十二月遣使朝唐王二遣使聘日本日
本使真人廣岳來宿彌賀茂來宿彌船白來元和四年王

薨正月赴唐

定王

之王諱元瑜康子子也改元永德元和四年唐冊王銀青

光祿大夫檢校秘書監忽汗州都督渤海國王五年二遣

使朝唐七年

僖王

僖王諱言義定王弟也改元朱雀定王卒王權知國務元

和八年正月庚子唐遣內侍李重旻冊王銀青光祿大夫

檢校秘書監忽汗州都督渤海國王

簡王

簡王諱明忠僖王弟也改元太始立一歲薨

宣王

宣王諱仁秀簡王從父高王弟野勃四世孫也改元建興

簡王薨王權知國務元和十三年正月乙巳遣使告喪于

唐五月唐冊王銀青光祿大夫檢校秘書監忽汗州都督

渤海國王王南定新羅北略諸部開大境宇十五年閏正

月遣使朝唐唐加王金紫光祿大夫檢校司空十二月又

遣使朝唐元和中凡十六朝唐穆宗長慶二年正月四年

二月皆遣使朝唐長慶中凡四朝唐敬宗寶曆中二朝唐

文宗太和元年遣使朝唐四年又遣使朝唐是年五年舊唐書

王彝

王奏震

宣王孫也父新德早卒王立改元咸和大和五年唐冊王

銀青光祿大夫檢校秘書監忽汗州都督渤海國王六年

遣使朝唐七年正月二月皆遣使朝唐訖文宗之世凡十

二朝唐武宗會昌中四朝唐宣宗大中十二年王薨二月

赴唐

王虔晃

彝震弟也大中十二年二月癸未唐詔襲王

　王玄錫

虔晃子也懿宗咸通中三遣使朝唐

　王諲誤

史失系梁太祖朱全忠開平元年王遣王子朝梁獻方物

二年三年及乾和二年又遣使朝梁後唐莊宗同光二年

遣王子朝唐又遣王姪明宗天成元年遣使朝唐進兒口

女口渤海自唐世數遣諸生詣京師太學習識古今制度

稱為海東盛國及至朱梁後唐三十年間貢士登科者十

數人學士彬彬焉遼太祖耶律阿保機神冊二年王遣使

聘遼四年遼修遼陽故城掠渤海戶實之天贊三年王遣

兵攻遼殺遼州刺史張秀實掠其民而歸四年十二月乙

亥遼主詔其國中曰所謂二事一事已畢惟渤海世讐未

雪豈宜安住遼舉兵來寇皇后及太子倍大元帥堯骨從

閏十二月壬辰遼主祀木葉山壬寅以青牛白馬祭天地

已酉次撒葛山射鬼箭丁巳次高嶺是夜遼兵圍扶餘府

天顯元年正月己未白氣貫日庚申扶餘城陷守將死之

遼又別攻東平府破之丙寅老相兵敗是夜遼太子倍大

元帥堯骨南部宰相蘋以院夷离堇斜涅赤南院夷离堇

迭里等圍忽汗城已巳王請降庚午遼主駐軍忽汗城南

辛未王素服藁索牽羊率臣僚三百餘人出降遼主禮以

遣之丙子遼主使其近侍康末怛等十三人入城索兵器

為邏卒所殺丁丑王復城守斜涅赤等復攻破之遼主入

城王請罪馬前遼主以兵衛王及王族以出二月丙午遼

改渤海國為東丹忽汗城為天福封其太子倍為人皇王

以主之乙酉遼主以王及王族歸等城于臨潢之西使王

居之賜王名曰烏魯古王后名曰阿里只烏魯古阿里只

者遼主及皇后受王降時所乘二馬名也因以其馬賜王

及后

興遼主

名延琳高王七代孫也仕遼為東京舍利軍詳穩初東遼

之地自神冊中附遼末有權沽鹽麯之法關市之征亦寬

弛及馮延休韓紹勳等相繼爲戶部使以燕山平地之法

繩之民不堪命燕又仍歲大饑副使王嘉獻計造船使其

民謠海事者漕粟以賑燕水路艱險多覆沒雖言不信鞭
楚榜掠民怨思亂遼聖宗太平九年八月丁丑延琳穀紹
勳及嘉以快其衆復穀四捷軍都指揮使蕭頗得囚留守
駙馬都尉蕭孝先國舅興遼舉位號改元天慶（高麗史曰天興選）
智勇之士置左右於是諸部響應南北女真皆附而高麗
與遼絕先是延琳與副留守王道平謀舉事又名黃翩於
黃龍府道平夜踰城走與黃翩俱上變遼主徵諸道兵攻
之渤海太保夏行美渤海人也時主兵戍保州延琳馳書
使匐統帥耶律蒲古行美以實告蒲古穀渤海兵八百人
而斷其東路黃龍保州既皆不附國舅詳穩蕭匹敵又率

兵斷西路延琳遂分兵攻瀋州節度副使張傑聲言欲降

故不急攻知其詐而已有備攻之不克而還遼兵大集十

月遼以南京留守燕王蕭孝穆為都統蕭匹敵為副部署

六部大王蕭蒲奴為都監與戰蒲水中遼兵郤匹敵蒲奴

張左右翼擊之延琳兵潰又戰于手山敗走入城固守孝

穆築重城起樓櫓內外不相通城中撤屋以爨蒲奴先據

高麗女真要衝故無救兵十年八月丙午延琳將楊詳世

密送款於遼夜開門納遼師延琳被執是時諸部豪傑吼

山等兵蜂起尋皆敗滅獨南海城守堅守經年始降

島舍城浮渝府琰府王

史失名宋太宗太平興國六年賜王詔曰朕纂紹丕基奄
有四海普天之下罔有率俾矧太原封域國之保障頃因
竊據遂相承襲倚遼為援歷世逋誅朕前歲親提銳旅盡
護諸將拔並門之孤壘斷匈奴之右臂春言吊伐以纓黔
黎蠢茲北戎非理搆怨輒肆荐食犯我封界日昨出師逆
擊斬獲甚眾令欲鼓行深入席卷長驅焚其龍庭大殲醜
類素聞南國密通寇讐迫扵吞並力不能制因而服屬困
扵率割當靈旗破賊之際是隣邦雪憤之日所宜盡出族
帳佐予兵鋒俟其剪滅沛然封賞幽薊土宇復歸中朝朔
漠之外悉以相與勖乃協乃朕不食言是時宋欲大舉伐

遼故有是詔

按忽汗城之破在遼太祖天顯元年後唐明宗天成元
年人謂是時渤海已亡然而遼史稱太祖有君人之德
以其不滅渤海族帳也聖宗統和十四年蕭韓家奴奏
曰渤海高麗女真合從連衡二十一年渤海来貢開泰
中南部宰相大康乂言蒲蘆毛朵界多渤海人乞取之
詔從之領兵至大石河駞準城掠數百户而歸又親征
渤海黃皮室軍五代史云訖周世宗顯德渤海使常來
宋史宋琪傳琪論邊事曰渤海兵馬土地盛於奚帳雖
勉事契丹俱懷殺主破國之怨文獻通考云阿保機攻

扶餘下之為東丹府阿保機死諲誤命其弟率兵攻扶

餘城不克而還天成四年長興二年三年四年清泰二

年三年俱遣使貢方物宋太宗淳化二年冬以渤海不

通朝貢詔女真攻之胡三省云渤海更五代至於宋耶

律雖數加兵不能服也以此觀之渤海未嘗亡也其浮

渝涘府王雖不言姓名見太宗詔可知其為大氏之裔

也然則渤海之亡在何時未可考

臣考

大門藝　大壹夏　馬文軌　蔥勿雅

門藝武王弟也武王使門藝擊黑水靺鞨門藝云嘗質於唐
知利害謂王曰黑水請吏而我擊之是背唐也唐大國兵
萬倍我與之產怨我且亡昔高句麗盛時士三十萬抗唐
為敵可謂雄強唐兵一臨掃地盡矣今我衆此高句麗三
之一王將違之不可王不從強遣之兵至黑水境又以固
諫王怒遣從兄壹夏代將將台文藝而殺之門藝懼棄其
衆儻路奔唐玄宗拜為右驍衛將軍王遣馬文軌蔥勿雅
上書極言門藝罪狀請殺之唐處門藝安西好報曰門藝

竊來歸我詎不可殺已授之嶺南美並留文軌勿雅別遣

鴻臚少卿李道邃源復諭旨王知之上書言大國示人以

信豈有欺誑之理今聞門藝不向嶺南伏請依前殺卻玄

宗怒道邃不能督察官屬致有漏泄左除道邃曹州刺史

復同州刺史暫遣門藝詣嶺南以報之王望門藝不已密

遣使入東都募客刺門藝於天津橋南門藝格之得不死

玄宗勅河南捕捕刺客悉殺之

大野勃　大宏臨　大新德

大野勃高王弟也宏臨文王世子也新德宣王世子也

任雅相　張文休

雅相武王舅也文休武王大將也

大常清　大貞翰　大清兄

貞元七年正月文王使常清朝唐授衛尉卿同正還國

貞翰清兄皆文王時王子也貞翰貞元七年八月朝唐請

備宿衛清兄貞元十年正月朝唐授右衛將軍同正其

下三十餘人拜官有差

大骹信　茹冨仇

骹信康王姪也冨仇官虞侯妻番長都督貞元十四年康

王遣使朝唐是年十一月唐授骹信左驍衛中郎將授冨

仇右武衛將軍放還國

大戲

長慶四年二月宣王遣齡等五人朝唐請備宿衛

大明俊　高寶英　大先晟

明俊羲震時王子也大和六年王遣明俊等朝唐寶英官
同中書右平章事大和七年正月王遣朝唐謝冊命因遣
學生三人請赴上都學問先遣學生三人事業稍成請歸
本國唐許之先晟亦羲震時王子也是年二月王遣先晟
等六人朝唐唐詩人溫庭筠送渤海王子歸本國詩曰疆
理雖重海車書本一家盛勳歸舊國佳句在中華定界分
秋漲開帆到曙霞九門風月好回首是天涯

高元固

元固訪唐進士徐寅扵閩中為道本國人以金書寅斬蛇

劒御溝水人生幾何三賦列為屏障寅喜而贈詩稱為渤

海賓貢高元固先輩其詩曰折桂何年下月中閩山來問

我雕蟲肯銷金翠書屏上誰把鵷鸞莪過日東刻子音時遭

孔聖由余徃代諷秦宮嗟嘆大國金門士幾箇人能振素

風其曰先輩曰折桂者已成進士之稱也徐寅中軋寧進

士時依王審知元固當為譚誤時人

大元無

譚譔任也官學堂親衛後唐同光二年王遣朝唐試國子

監丞

高仁義　德周　舍那婆　高齋德

仁義官寧遠將軍郎將德周游將軍果毅都尉舍那婆別將齋德首領武王時同使日本着蝦夷境仁義以下十六人被殺害齋德與八人走出羽國堇免致國書與其使朝臣蟲麻呂俱來獻絲帛一十疋綾一十疋絁二十疋絲一百鈎綿二百屯

昏要德　巳珍蒙　巳闞棄蒙

要德官若忽州都督忠武大將軍珍蒙雲麾將軍棄蒙首領文王時同使日本要德船覆與棄蒙等四十人俱死倭

皇御太極殿觀珍蒙射又御中宮使珍蒙奏本國樂聽之

附獻美濃絁三十疋絹十疋綀一百五十絇調綿二百屯

初日本入朝臣廣成等朝唐回從蘇州入海漂着崑崙國

多被殺執廣成與八人僅免復歸唐從登州入海到渤海

界王令隨要德等歸國

　慕施蒙

官輔國大將軍文王時率七十五人使日本以王旨問十

餘年無使之故倭皇答書援高句麗舊記責國書違例

　楊承慶　楊泰師　馮方禮

承慶官輔國將軍泰師歸德將軍方禮判官文王時同使

日本初日本使朝臣田守等來問大唐消息歸言於倭皇

曰天寶十四載歲次乙未十一月九日御史大夫兼范陽

節度使安祿山舉兵作亂自稱大燕聖武皇帝改范陽為

靈武郡其宅為潛龍宮年號聖武留其子安慶緒知范陽

郡事自將精騎二十餘萬南下直入洛陽署置百官天子

遣安西節度使哥舒翰將三十萬衆守潼津關使大將封

常清將十五萬衆別圍洛陽天寶十五載祿山遣將軍孫

孝哲等率二萬騎攻潼津關哥舒翰壞潼津岸陸黃河絕

其通路而歸孝哲鑿山開路引六八至新豐六月六日天

子遊于劍南七月甲子皇太子璵即皇帝位于靈武都督

府改元至德笑並言安東都護王志玄聘渤海天子賜渤

海勅三書事倭皇下令于太宰府曰安祿山者是狂胡狡

豎也遠天起逆事必不利疑其不能西必還掠海東大貳

吉備朝臣真備俱是碩學委以重任宜知此狀預設奇謀

縱使不來儲備無悔其所謀上策及應備雜事一一俱錄

報來至是承慶等至日本倭皇授承慶正三位泰師從三

位方禮從五位下賜錄事以下十九人仍使忌村全成随

承慶來欲自渤海迎其入唐大使朝臣河清獻絹三十疋

美濃絁三十疋絲二百絢綿三百屯錦四疋兩面二疋縐

羅四疋白羅十疋綵帛三十疋白錦一百帖

高南甲　高興福　李能本　安貴寶

南甲官輔國大將軍兼將軍玄菟州刺史兼押衛官開國

公興福副使能本判官貴寶解臂文王時同使日本以中

臺牒報曰迎藤原河清使總九十九人大唐祿山思明前

後作亂內外騷荒恐被害殘只遣頭首高元度等十一人

往迎河清卽差此使同為發遣南甲等與其使陽侯史玲

璆俱來獻絁三十疋美濃絁三十疋絲二百絇綿三百屯

能本後為王新福副再使日本

　　楊方慶

文王時以賀正使朝唐日本迎河清使高元度隨往

新福官紫綬大夫行政堂左九開國男懷珍判官骽信品

王新福　楊懷珍　達能信

官着緋文王時率二十三人同使日本新福為倭皇言唐

事曰李家太上火帝並崩廣平王攝政年穀不登人民相

食史家朝義稱聖武皇帝性有仁恕人物多附兵鋒甚強

無敢當者鄧州襄陽已屬史家李家獨有蘇州朝粲之路

固未易通是行也李骽本為副

壹萬福　慕昌拜

萬福官青綬大夫昌拜副使文王時率三百二十五人駕

船十七隻同使日本着出羽國倭皇以國書達例並信物

物不受萬福再拜擻地而泣曰君者彼此一也臣等歸國

必當有罪遂改授國書代王申謝倭皇授萬福從三位與

王書曰今省来書頓改文道曰下不註官品姓名書尾虛

陳天孫僭號且高氏之世兵亂無休為假朝威彼稱兄弟

今王曾無事故而稱甥於禮失矢後歲之使不可更煕獻

美濃絁三十足絹三十足絲二百絢調綿二百屯昌拜卒

於日本萬福與其使武生鳥守俱来遭風漂着能登國客

主僅免日本遣渤海船名能登以禱于船神有驗授其船

從五位下賜錦冠其冠錦表絁裏紫組纓

鳥湏弗

文王時使日本着脆登國國司問故須弗以書報曰渤海

日本久來好隣往來朝聘如兄如弟近年日本内雄等住

渤海國學問音聲却返本國令經十年未報安否由是差

大使壹萬福等遣向日本國擬於朝然稍經四年未返本

國更差大使烏須弗等四十人函奉詔言更無餘事所附

進物及來書並在舩内大政官以表函違例不受又曰渤

海使取此道而來前有禁斷自今以後宜依舊例從筑紫

道來

史都蒙　高祿思　高鬱琳　高淑源　史道仙

高珪宣

都蒙官獻可大夫司賓少令開國男祿思大判官蠻琳少判官淑源判官道仙大錄事珪宣少錄事文王時率一百八十七人同使日本赴王妃喪薨賀倭皇即位遭風漂沒僅存四十六人淑源及少錄事一人亦死日本人間烏須弗歸時大政官處分渤海使宜依舊例向太宰府不得取此路而來今令違約束其事如何都蒙等對曰實承此旨故都蒙等發自獎邑南府吐號浦西指對馬島竹室之津而海中遭風着此禁境失約之罪更無所避日本又欲以十六人別留海岸都蒙曰此猶割一身而分背失四體而蒲伏日本乃聽同入倭皇御重閤　觀騎射都蒙與焉與其

使朝臣殿繼俱來獻絹五十疋綟二百絇綿三百屯都蒙

請加附又獻黃金小一百兩水銀大一百兩金漆一缶海

石榴油一缶水精念珠四貫檳榔扇十枚贈王后絹二十

疋絁二百疋綿二百屯

　張仙壽

官獻可大夫司賓小令文王時使日本以王旨言朝臣殿

綟等失路漂着遠夷之境船破為造舩二艘領歸倭皇內

射仙壽與馬

　高伴粥　高說昌

伴粥押領說昌通使文王時同使日本日本以國書違例

不受又責不由筑紫道錬利官人爭坐說昌之上大政官

為異其班位伴粥舡破日本給舡九隻以歸

呂定琳

供給定琳致在唐學問日本僧永忠書於倭皇倭皇附荅

地志理波村被掠人多散亡出羽國言狀倭皇置越後國

官庭諫大夫工部郎中康王時率六十八使日本漂著夷

書

大昌泰

官慰疑卽軍大將軍左熊衛都將上柱國開國子康王時

使日本倭皇御太極殿引見為減四拜為二拜不拍手又

攢綵殿以享之渤海使舶多著能登國倭修餙其傳宿之

處

高南容　高夕弗此下七人不知何王時

南容再使日本其國或宴扵鴻臚館或宴扵朝集院與其
使宿彌東人俱來東人以國書不擾棄之而去多不以酉
領隨南容朓留越前國倭置之越中國給食使習語生等
學渤海語

　　　王孝廉　高景秀　王昇基
孝廉大使景秀副使莫善昇基判官同使日本倭皇授孝
廉從三位景秀正四位下莫善昇基正五位下又賜禄事

以下祿唐越州人周光翰言升則等自日本隨使者來

王文矩

使日本倭皇御豐樂殿宴五位以上文矩為擊毬倭皇賜

綿二百屯

衛鈞

大素賢

官銕州刺史遼天顯元年正月忽汗城破七月鈞城守遼

大元帥堯骨率師來攻乙丑城陷

官司徒忽汗城破素賢降遼遼拜為東丹國次相太宗會

同三年東京宰相耶律羽之言其貪墨見黜

高模翰

一名松有膂力善騎射好讀兵忽汗城破避地高麗高麗
王妻以女因罪亡歸遼屢立戰功官至中臺省左相封悊
郡開國公遼史自有傳

謚誤諸臣史失名者

遼天顯元年正月庚申扶餘城陷守將死之

遼天顯元年正月丙寅王使老相統兵三萬禦遼先鋒

惕隱安端北部宰相蕭阿古只將萬騎至老相戰敗降于

遼遼拜為東丹國右大相

遼天顯元年二月庚寅安邊鄚頡南海定理四府節度使

皆降于遼

遼天顯元年三月安邊鄚頡定理三府復城守遼惕隱安
端帥師來攻丁丑三府皆敗壬午安邊將二人死之
遼天顯元年五月南海定理二府復城守遼大元帥堯骨
帥師來攻六月丁酉二府皆敗
長嶺府自忽汗城破始時城守不下遼天顯元年三月戊
午遼夷离畢康默記左僕射韓延徽率師來攻至七月辛
巳遼主狙述律后決軍國事八月辛卯城陷
忽汗城破後巳降郡縣復城守諸部蜂起遼阿古只與康
默記討之有游騎七千自鴨綠府來勢張甚阿古只一戰

克之斬二千餘級進軍破回跋城

申德

官將軍高麗太祖八年九月丙申與其屬五百人奔高
麗

是歲遼攻渤海明年忽汗城破

大和鈞　大均老　大元鈞　大福謩　大審
理

和鈞均老官禮部卿元鈞官司政福謩官工部卿審理官

左右衛將軍高麗太祖八年九月庚子率民一百戶奔高
麗

冒豆干　朴漁

冒豆干官左首衛小將漁官檢校開國男高麗太祖八年

十二月戊子率民百户奔高麗

吳興　僧戴雄

興官工部卿高麗太祖十年三月甲寅與其屬五十八奔

高麗戴雄亦與其徒六十人隨興奔高麗

金神

高麗太祖十一年三月戊申率六十户奔高麗

大儒範

高麗太祖十一年七月辛亥率民奔高麗

隠継宗

高麗太祖十一年九月丁酉與其屬奔高麗太祖引見於

天德殿繼宗等三拜人謂失禮大相含弘曰失土人三拜

古之禮也

洪見

高麗太祖十二年六月庚申以船二十艘載人物奔高麗

大光顯時光顯子道秀顯宗時為大將後孫金就高宗

太氏其以大馮

太未知在何時

時為大將伐蒙古有功封永順君遂為永順

謹誤世子也高麗太祖十七年七月率衆數萬奔高麗太

祖賜姓名王繼附之宗籍特授元甫守白州以奉其祀賜

僚佐爵軍士田宅有差其後遼遣使遺高麗太祖素馳五

十四太祖以契丹與渤海嘗連和忽生疑貳不顧舊盟一

朝珍滅此為無道之甚不足遠結為隣絕其交聘流其使

三十人于海島繫橐馳萬夫橋下皆餓死

陳林

高麗太祖十七年十二月與其屬一百六十八奔高麗

朴昇

高麗太祖二十一年率三千餘戶奔高麗

崔烏斯　文獻通考曰烏斯羅考

周世宗顯德初烏斯與其屬三十人歸周蓋其酋豪也

大鸞河　李勛

宋太宗太平興國四年平晉陽移兵幽州鸞河率小校李

勛等十六人部族三百騎捉降太宗以為渤海都指揮使

九年春太宗宴大明殿名鸞河慰撫久之謂殿前都校劉延翰曰鸞河渤海豪帥束身歸我嘉其忠順夫夷落之俗以馳騁為樂候高秋戎候當與駿馬數十匹令出郊遊獵以遂其性因以緡錢十萬並酒賜之

地理考

五京

上京龍泉府　中京顯德府

南京南海府　西京鴨綠府　東京龍原府

十五府

龍泉府肅慎古地

顯德府肅慎古地在

龍原府肅慎古地南

龍原府城獩貊古地亦曰柵

南海府為新羅古地

南海府汰沮古地日本道

鴨綠府為高句麗古地

鴨綠府為朝貢道

長嶺府　為高句麗古地　營州道

扶餘府　為扶餘古地　契丹道　丹府

郢頡府　古扶餘地

定理府　古挹婁地

安邊府　古挹婁地

率賓府　古率賓地

東平府　古拂涅地

鍈利府　古鍈利地

懷遠府　古越喜地

安遠府　古越喜地

六十二州

龍泉府三州

龍州 湖州 渤州

顯德府六州

盧州 顯州 鉄州 湯州 榮州 興州

龍原府四州

慶州 鹽州 穆州 賀州

南海府三州

沃州 晴州 椒州

鴨綠府四州

神州　桓州　豐州　正州

長嶺府二州

瑕州　河州

扶州　仙州　扶餘府二州

鄚頡府二州　鄚州　高州

定理府二州　定州　潘州

安邊府二州　安州

安州　璚州

率賓府三州

華州　益州　建州

東平府五州

伊州　蒙州　沱州　黑州　比州

鋧利府六州

廣州　汾州　蒲州　海州　義州　歸州

懷遠府九州

達州　越州　懷州　紀州　富州　羙州　福州

邪州　芝州

安遠府四州

寧州　郿州　慕州　常州

三獨奏州

郢州　銅州　涑州

右見新唐書稱六十二州而只列六十州清一統志有

郭州而今不載知唐書之有遺也其五京之制上京龍

泉府者今之寧古塔也中京顯德府者今之吉林也東

京龍原府者今之鳳凰城也南京南海府者今之海城

縣也西京鴨綠府者今未可考而當在鴨綠江近處然

則以龍原為東京以鴨綠為西京者可疑豈鳳凰城以

西復有一鴨綠江如遼陽之浿水歟置朝貢道於鴨綠
者以海路通唐也考諸日本逸史鄧州襄陽為朝鮮之
路良然南海府之為新羅道亦以海路通新羅也文獻
通考及清一統志以鴨綠為朝鮮道是時無朝鮮當從

新唐書

顯德府　本朝鮮之地即平壤城周武王以封箕子漢末為
公孫慶所據晉時陷於高句麗唐置安東都護為
大氏所有中宗賜名忽汗州

龍原府　東南濱海高句麗慶州置石為城周圍二十
里唐薛仁貴伐高句麗橋善射於石城即此

鴨綠府　高句麗故國城高句麗輪二十里三丈廣

東平府　高句麗唐李世勣征高句麗兵於新城皆此地
有遼河程名振蕘定方大破羊腸河錐子河

蚺山狼山黑
山中子山

鋹州漢之安市縣　高句麗安市城唐太宗攻之不下薛仁貴白衣登城即此

湯州漢襄平縣

興州漢海平縣

慶州太保山黑　河之保地

桓州高句麗中都城所立宮闕謂之新國王釗為慕容皝所敗宮室焚蕩即此

蓋州後改辰州以辰韓得名井邑騈列最為衝會即

涷州有高句麗蓋牟城唐太宗會李世勣攻破之是也

涷州水即涷沫涷沫江即靺鞨所居曰涷沫

顯德府郡一

杉盧嶺或稱盧州

龍原府　郡三

龍河隸鹽州或稱縣　會農隸穆州或稱縣　吉理隸賀州或稱縣

鴨綠府　郡二

盤安州隸豐　沸流隸正州沸流水為公孫所並有康

鋘利府　郡一

鋘利地高句麗當山縣漢襄平

府州未詳　郡三

安定　銅山高句麗東山縣在龍泉府南漢俠城縣北多山險安寧故地藁離國

龍泉府　縣五

富利　長平並隸龍州　貢珍隸渤　爾懽　佐慕並隸州未詳

顯德府〔縣二十六〕

山陽

漢陽〔仙傳仙人白仲理煉神丹照黃金以救百姓即此地漢遼隊縣〕　白巖　霜巖〔險瀆古陣離郡地漢屬永豐州隸顯〕　位城　河瑞　蒼山

常豐　白石　均谷　嘉利〔湯州並隸盛吉〕

龍珍〔銍並隸靈巖〕　靈巖　崇山　鷄山〔漢居就縣昔丁令威家此城去家千年化鶴來歸集於華表柱是人民非何不學仙冢有鳥有鳥丁令威去家千年今來歸〕　濡水　綠城

蒜山〔銍山興州並隸金德〕　金德〔水縣高句麗縣或稱常樂漢浿水縣〕

本集未詳並隸州〔長寧〕　纍花山平縣紫蒙置東平府彿涅〔東平府〕

龍原府〔縣十五〕

龍原　永安　烏山　壁谷　熊山〔薛仁貴征高句麗與溫沙門戰熊山〕

即
白楊〔並隸慶州〕
海陽　接海　格川〔並隸鹽州〕
水岐　順化　美〔並隸穆州〕
洪賀　送誠　石山〔並隸賀州〕
南海府　縣十六
天晴　神陽　蓮池　狼山　仙巖〔並隸晴州〕
椒山　貂嶺　漸泉　尖山　巖淵〔並隸椒州〕
沃沮〔壤城東北至海州一百二十里故平〕
鷲嶺　龍山　濱海　昇平　靈泉〔並隸……未詳〕
鴨綠府　縣十
桓都　神鄉　浿水〔並隸桓州〕
神鹿　神化　劍門　安豐〔並隸神州〕
渤恪　隰壤　硤石〔未詳〕
扶餘府　縣十一

布多　扶餘　顯義　鵲川　強師　新安　漁谷

永寧　豐水　扶羅　永平並隸州未詳

懷遠府縣九

富壽　優富並隸州富州　山河　黑川　麓川並隸美州　越喜　懷福

豹山　乳水未詳

安遠府縣二

慕化　崇平並隸慕州

府州未詳縣九

長泰　豐永　熊山　靈峯　麓郡　麓波　雲川

安夷　萬安

右見遼史太祖東並渤海得城邑之居百有三云而郡縣名可考者今為百十三可疑

五京十五府六十二州多其界在今吉林烏喇寧古塔及朝鮮聞地理志賈耽地記所謂渤海之時其舊齊魏周時勿吉國地隋號非復古地雖入渤海然其名無

龍泉府
時漢三國晉地唐時鞨毛鄰衛等地今寧達達古塔路明時建州抱妻入渤海後為龍泉府金時上京會寧府地元時合蘭衛等城東南達達等路

顯德府
今在吉林烏喇城東南海之境又溯流北湖流二百里至神州又陸什都四百里至高麗王都又東百餘里乃小舫溯流東北三十里至泊汋口又東得渤海之境地理志自鴨綠江口得舟行

王所都按即平壤城又以遼所置東京之顯州為本顯是也遼史謂顯州即顯德府唐先置天二年賜名忽汗州皆誤也德府地

龍原府

唐漢時玄菟郡地晉時屬平州隋時高句麗慶州地時屬安東都護府入渤海爲龍原府遼時開州

東鎮國軍金時鳳凰城今鳳凰城

石城今鳳凰縣元時屬

漢時玄菟郡地後屬高句麗樂浪都尉東漢時封沃沮三

南海府

漢時玄菟郡地後屬高句麗南海軍金時澄州今海城縣南

海郡元爲南海府

扶餘府

漢時扶餘國地唐置黑水都督府會寧府陞上京

三萬衛今元開路元時開萬衛

潘州

魏時蓓婁地周時高句麗朝鮮等地三國晉時平州地後隋時營州地唐時入

渤海爲潘陽元時地齊定理府明時潘州今奉天府通志云有顯

德軍元時潘陽屬明時潘陽路

粵粵印把妻河注妻曰

蓋州

漢時高句麗蓋馬縣城三國時太宗取其地置蓋州晉以後入渤海仍置唐

富州

奉國軍元時把婁國地隋時越喜國唐時銀州富國金時新興縣元時省明

盖國後改辰州遼時辰州奉國軍金時盖州明時盖州衛今革平縣

富州漢屬玄菟郡地晉以後高句麗地唐時置金州金時蘇州安復郡元入

杉盧郡

今鐵嶺衛玄菟郡地杉盧郡遼時化成縣金時蘇州安復郡元

時屬盖州路爾時海明時海縣

金州衛今寧爾縣

杉盧郡漢時玄菟郡地晉以後高句麗地遼時化成縣金時蘇州安復郡元入

忽汗河

忽汗河今名虎爾哈河源出吉林烏喇界東北流經古塔城南復折而北流經古會

七百餘里又入海混同江唐時謂之忽汗河金時名金水俗謂金汗為金故金源之名明一

新唐志云亦稱渤河按出忽兒海河北流入松花江是也

統志亦稱渤海河北流入松花江是也

按出忽兒海河北流入松花江是也

上京城

上京城京在直今舊國古三塔城西南忽汗河之東賈耽曰天寶末大武藝徙上自安都護

至府東北經渤海王城以此蓋年新城又在寧古塔之西南嶺府千五百里與上京相

近明一統志金滅遼設
都於渤海上京是也

平壤
即漢樂浪郡後扁高句麗城唐平高句麗置安東都護府於此後沒於渤海
高句麗王所都亦曰長安城一名王都

朝鮮界在今

郭州
與唐置郭州渤海因之後屬於遼載記遼以鴨綠江北
通寵龜郭六城今在朝鮮界內

慕州城
渌州本渤海安遠府在今朝鮮界內西二百里

右見清一統志得渤海之地於我國境內者三曰平壤
曰郭州西謂郭州在鴨綠之北慕州在鴨綠之
西則亦可疑也按新羅統合後東北以泉井郡為界今
德源郡也西北以唐岳縣為界今中和府也自中和以
東樣原遂安谷山以抵于德源皆其邊塞也其外咸鏡

平安二道之地皆爲渤海有夫及新羅之衰弓裔始定
浿西十三鎭平壤城主黔用及甑城亦衣黄衣賊明貴
等皆降是時渤海與契丹未及交兵而已失其南鄙於
弓裔也及契丹破渤海所經理者只鴨綠以北故鴨綠
以南渤海郡縣沿革遼史闕焉無以考也唐書云渤海
南接新羅以泥河爲界文獻備考曰泥河當在德源界
內者非也以遼史考之浿水一名泥河生薪芋草故亦
稱薪芋灤水此指遼東京之水也遼東京者即今遼陽
縣也遼史以東京謂即渤海中京顯德府本箕子所封
平壤城也清一統志辨之甚詳蓋遼史以東京爲平壤

故又載浿水焉其所謂一名泥河之浿水乃我國平壤
之浿水今大同江也新羅渤海分界處正在大同一帶
耳

職官考

文職

宣詔省　左相　左平章事　侍中　左常侍　諫議中

臺省　右相　右平章事　内史　詔誥舍人　政臺

省　内閣相（相居上）　右相居左右　左司政　右司政（此僕射居左右平章事之下）

左兌　右兌（丞此二）

忠部　卿（政居下司）

仁部　卿

義部　卿（之左六司卿忠仁義部謂）

爵倉　郎中　貞外

膳部　郎中　員外並左史
之支司

智部　卿

禮部　卿

信部　卿智禮信部謂
之右六司

戎部　郎中　員外並右司

水部　郎中　員外之支司

中正臺　大中正此居御史大夫　小正
司政下

殿中寺　大令

宗屬寺　大令

文籍院　監　少監　令

太常寺　卿

司賓寺　卿

大農寺　卿

司藏寺　令　丞

司膳寺　令　丞

冑子監　監　長

卷伯局　侍

武職

左猛賁衛　大將軍　將軍

右猛賁衛　大將軍　將軍

左熊衞　　大將軍　將軍

左驍衞　　大將軍　將軍

左驍衞　　大將軍　將軍

南左衞　　大將軍　將軍

北左衞　　大將軍　將軍

按寧遠將軍忠武將軍雲麾將軍輔國將軍歸德將軍

紫綬大夫青綬大夫獻可大夫庭諫大夫上柱國開國

公開國子開國男之稱見於續日本記日本逸史高麗

史諸史而其制並未可考

儀章考

三秩以上紫衣牙笏金魚

五秩以上緋衣牙笏銀魚

六秩七秩淺緋衣木笏

八秩綠衣木笏

遼天顯四年太宗幸遼陽使人皇王備乘輿羽衛以迎乾

亨五年聖宗巡東京留守具儀衛迎車駕蓋故渤海儀衛

云

按宋史太祖問趙普拜禮何以男子跪而婦人不跪普

問禮官不能對王溥孫貽孫以練達稱曰自唐太后朝

不傳唐藝文志張建章渤海國記三卷

記備言其事普大稱之意其書号載渤海儀文而東國

婦人始拜而不跪大和中幽州従事張建章著渤海國

物產考

太白山菟　南海昆布　柵城豉　扶餘鹿　鄭頡丞

率賓馬　顯州布　沃州綿　龍州紬　位城鐵　盧城

稻　湄沱湖鯽　九都李　樂遊梨　富州銀

國語考

王曰可毒夫　曰聖上　曰基下　命曰教　王之父曰

老王　母曰太妃　妻曰貴妃　長子曰副正　諸子曰

王子　官品曰秩

國書考

武王與日本國聖武天皇書

武藝啓山河異域國土不同延聽風通但增頃仰伏惟大
王天朝受命日本開基奕葉重光本支百世武藝忝當列
國濫總諸蕃復高麗之舊居有扶餘之遺俗但以天涯路
阻海漢悠悠音耗未通吉凶絶聞親仁結援庶叶前經通
使聘隣始于今日謹遣寧遠將軍郎將高仁義遊將軍果
毅都尉德周別將舍那婁二十四人賫狀並付貂皮三百
張奉送土宜雖賤用表獻芹之誠皮幣非珍慙掩口之
誚主理有限披膳未期時嗣音徽永敦隣好

文王與日本國聖武天皇書

欽茂啓山河杳絕國土敻遙仰望風猷惟增傾仰伏惟天

皇聖殿至德遐暢奕葉重光澤流萬姓欽茂忝係朝業濫

總如始義洽情深每修隣好今彼國使朝臣廣業等風潮

失便漂蕩投此每加優賞欲待來春放廻使等貪請

乃年歸析辭至重隣義非輕因備行資即爲發遣仍差

若忽州都督等要德等充使領廣業等令送彼國並附大

蟲皮罷皮各七張貂皮六張人蔘三十斤蜜三斛進上至

彼請檢領

康王與日本國桓武天皇書

哀緒已具別啓伏惟天皇陛下動止萬福寢膳勝常嵩璘

覬息苟延奄及祥制官僚感義奪志抑情起續洪基祗統

先烈朝維依舊封域如初顧自思惟實荷眷而滄溟括

地浪浪湊天奉膳無由徒贈頃仰謹差庭諫大夫工部郎

中呂定琳等濟海起居無修舊好其必土物具在別狀荒

迷不次

上天降禍祖大行大王以大興五十七年三月四日薨背

善隣之義必聞吉凶限以滄溟所以緩告嵩璘無狀招禍

不自滅亡不孝罪苦酷罰罪苦謹狀力奉啓荒迷不次孤

孫大嵩璘頓首

二

崇璘啟差使奔波貴申情懇佇承殊眷瞻望徒勞天皇頓

降敦私既之使命佳問盈耳珍溢目俯仰自欣伏增慰

悅其定琳等不料邊虞被陷賊場俯垂恤存生還本國奉

惟大造去留同賴崇璘祝以冥德幸屬時來官承先爵土

統舊封制命策書荐中錫及金印紫綬遼外光耀思欲修

禮勝邦結交貴國歲時朝覲梯帆相望而巨木掄材土之

難長小船泛海不波則危每或引海不謹遭罹夷害雖慕

盛化如艱阻何儻長尋舊好幸許來往則送使雖不過二

年以茲爲限式作永規其隔年多少任聽被裁裁定之使

望於來秋許以往期則德隣常在事與望則異足表不依

其所寄絹二十疋絁二十疋絲一百絇綿二百屯依數領

足今廣岳等使事略單情求迫時便欲差人送使奉諭新

命之恩使等辭以未奉本朝之旨故致淹滯随意依心謹

因回次奉附土物具在別狀自知鄙薄不勝慙愧

三

崇璘啟使賀萬<small>茂和也</small>賀等至所覬之書及信物絹絁各三十

疋絲二百絇綿三百屯依數領足慰悦實深雖復巨海漫

天滄波浴日路無愧限望斷雲霞而興氣送帆指期舊浦

軏涯斥候無關粮糧豈非彼此契齊暗符人道南北義感

特叶天心者哉崇璘莅有舊封纘承先業遠蒙普獎聿修

如常天皇遙降德音重貺使命恩從懷抱慰諭殷勤況復

俯記片書卷依前請不遺信物許以年期書疏之間喜兜

瑕纇庶廲之顧識異他時而一葦難航奉知實諭六年爲

限竊憚其運請更覩嘉圖並廻通鑑從其期限衛合素懷

然則向風之趣自不倦於寡情慕化之勤可尋蹤於高氏

又書中所許雖不限多火聊依使者之情省給行人之數

謹差衛軍大将軍左熊衛都将上柱國開國子大昌泰等

充使送國無封附信物具如別狀土無奇異自知羞惡

四

業璘啓使船白等至枉辱休問兼信物絁絹各三十疋綿

二百絇綿三百屯　缺　數領足懷愧實深嘉貺厚情伏知稠

疊前年附啓請許裁量往還去歲承書遂以半紀為限紫

璘情勤馳係求縮程期天皇舍已從人便依所請筐篚攸

行雖無珍奇特見允依荷欣何極此者天書降漁當作制

使莅朝嘉命優加寵章總萃班沾爕理列等端揆惟念寡

菲殊蒙庇廕其使昌泰等慈專對將命非能而承貺惟優容

倍增嘉慰而今秋暉欲暮序惟涼風遠客思歸指勞望日

崇迴時節無滯迴帆既許隨心正宜相送未及馹限不敢

同行謹自廻使奉附輕尠其如別狀

屬國考

定安國本馬韓之種爲契丹所破保其西鄙宋太祖開寶
三年其王烈萬華因女真使上表獻裘太宗太平興國六
年又因女真使上表云定安國王臣烏玄明言伏遇聖主
洽天地之恩撫夷貊之俗　臣玄明誠喜誠忭頓首頓首臣
本以高麗舊壤渤海遺黎保擾方隅歷星紀仰覆露鴻
鈞之德被浸漬無外之澤各得其所以遂本性而頃歲契
丹恃其強暴入寇境上攻破城砦俘略人民　臣祖考守節
不降與衆避地僅存生聚以迄于今而又扶餘府昨背契
丹並歸本國災禍將至無大於此所宜受天朝之密畫率

勝兵而助討必欲報敵不敢違命臣玄明誠懇誠願頓首

頓首元興六年十月日定安國王臣玄明表上聖皇帝前

太宗優詔荅之是時宋欲討契丹故也端拱二年其王子

因女真使獻馬雕羽鳴鏑淳化二年其王子太元因女真

使上表其後不至高麗顯宗九年定安國人骨須來奔

渤海考終

부록 《발해고》 영인본은
오른쪽에서 왼쪽으로 읽게
되어 있는 고전 편집에 따라
뒤부터 시작하게
편집되었습니다.